상가 중개, 하나도 몰랐던 내가
월 1천 찍는 진짜 방법

지도에 없는 길을, 그는 어떻게 먼저 걸었을까?

상가 중개,
하나도 몰랐던 내가
월 1천 찍는
진짜 방법

김명식 지음

두드림미디어

"공인중개사 자격증은 있었지만, 실력은 없었다"
— 상가 중개, 그 겁 많던 내가 월 1천을 찍기까지

내가 공인중개사 자격증을 들고 처음 중개사무소 문을 열었을 때, 실제로 할 수 있는 것은 아무것도 없었다. 공부는 했지만, 실전은 달랐다.

부동산 용어는 이해했지만, 현장에서는 한마디도 입이 떨어지지 않았다. 그리고 그중에서도 '상가 중개'는 내게 가장 낯설고 두려운 영역이었다.

권리금이 뭔지도 몰랐고, 임대인과 임차인의 이해관계가 어떻게 충돌하는지도 몰랐다. 건물주에게 전화하기도 겁났고, 창업하려는 고객의 질문에는 대답 대신 얼버무리는 일이 많았다.

"사장님, 이 자리 장사는 잘되나요?"
"그냥… 위치는 괜찮은 편이에요…."

이렇게 흐릿한 답을 하면서, 스스로가 점점 초라해졌다.

중개는 할 수 있었지만, 상가를 설명할 수는 없었다

주택과 상가는 완전히 달랐다. 집은 방 개수, 평수, 층수, 방향만 설명하면 되지만, 상가는 '입지', '유동인구', '업종', '권리금', '인허가'까지 알아야 한다.

나는 몰랐다. 그리고 무서웠다. 그래서 피했다. 그것이 내가 상가 중개를 뒤늦게 시작하게 된 이유였다.

그런데 어느 날, 우연히 한 상가 계약을 맡게 됐다.

한 젊은 부부가 작은 카페를 차리려고 사무실에 찾아왔다. 소액 권리금, 1층, 화장실 내부 포함, 작은 주방 등 조건은 많고 예산은 적었다.

하나씩 설명하면서, 나는 그들의 얼굴을 계속 지켜봤다.

이 자리를 계약한다면, 이 사람들의 인생이 바뀔 수도 있겠다는 생각이 들었다.
처음으로, '공간'이 아니라 '사람'을 보며 계약서를 쓰기 시작한 날이었다.

계약은 성사됐고, 몇 달 뒤 그 고객이 다시 찾아와 말했다.

"사장님 아니었으면, 우리는 아직도 준비만 하고 있었을 거예요. 덕분에 요즘 하루하루가 참 감사해요."

그 말을 듣고 돌아오는 길에, 나는 처음으로 '공인중개사가 누군가의 인생을 바꿀 수도 있겠구나'라는 생각을 했다. 그날 이후 나는 상가 중개를 '업무'가 아니라 '사명'으로 생각하기 시작했다.

나는 왜 이 책을 쓰게 됐는가?

이 책은 단순한 상가 중개 실무서가 아니다. 실전에서 상처받고, 실패하고, 버텨온 한 사람의 '살아있는 경험집'이다. 계약서 한 줄의 무게가 얼마나 무거운지, 권리금 조율 하나가 얼마나 민감한지, 실제로 겪어보지 않으면 절대 이해할 수 없다.

이 책에 담은 70가지 질문과 답변은 내가 상담실에서, 골목에서, 카페 테이블에서, 실제로 고객과 주고받았던 이야기 그대로다.

고객이 "이 자리 괜찮을까요?"라고 묻고, 나는 그 자리의 지난 몇 년간 업종 교체 빈도를 설명했다.
고객이 "권리금은 왜 이렇게 비싸요?"라고 묻고, 나는 매출 구조와 경쟁점포 포화도까지 보여줬다.
그리고 고객이 "그래서 사장님 생각은 어떠세요?"라고 물었을 때, 나는 진심을 담아 말했다.

"이 자리는 지금 아니면 못 들어오십니다. 확신합니다."

이 책을 읽으면, 무엇이 달라지는가?

상가 중개는 더 이상 '두려운 영역'이 아니다. 질문마다 실전 예시와 함께 풀었다. 당장 내일 상담에 써먹을 수 있도록 구성했다.

권리금, 업종, 상권, 계약서 작성까지 단계별로 흐름이 보인다. 이 책 한 권이면 실전 1년 차 레벨까지는 바로 올라갈 수 있다.

무엇보다 '나도 할 수 있겠다'라는 자신감이 생긴다. 왜냐하면, 이 책을 쓴 나도 처음에는 아무것도 몰랐던 사람이었으니까.

그리고 마지막으로 이 책은 지금 이 길을 걷고 있는 당신의 두려움에 대한 답장이다.

"상가 중개 해보고 싶은데… 괜히 했다가 망하지 않을까?"
"계약은 할 수 있겠는데, 실수하면 어떻게 책임지지?"
"다들 주택은 하잖아… 굳이 상가로 가는 게 맞을까?"

그 질문에 나는 이렇게 답하고 싶다.

"나는 상가 중개로 내 인생을 바꿨습니다. 이제는 당신 차례입니다."

Prologue "공인중개사 자격증은 있었지만, 실력은 없었다" • 4

CHAPTER 01

나는 상가 중개를 몰랐다
초보 공인중개사가 반드시 부딪히게 되는 8가지 의문

1. 상가 중개는 주택 중개와 어떻게 다른가요?	16
2. 상가 중개는 돈이 많이 되나요? 수익 구조가 궁금해요	19
3. '권리금'이 그렇게 어렵나요?	23
4. 공실 상가를 확보하려면 어떻게 해야 하나요?	27
5. 상가 매물은 어디서 구하나요?	31
6. 상가를 중개할 때 가장 먼저 공부해야 할 것은 뭔가요?	35
7. 상가 임차인과 임대인의 관점은 어떻게 다른가요?	38
8. 상가 중개는 언제부터 '전문성'이 붙기 시작하나요?	42

CHAPTER 02
실전 임대차 중개의 기술
전화 상담부터 권리금 설명, 계약 협상까지 - 진짜 '중개'를 배우는 단계

9. 임대차 계약을 시작할 때, 제일 먼저 확인해야 할 것은 뭔가요? 46
10. 권리금은 계약서에 어떻게 명시해야 안전할까요? 50
11. 임대인은 왜 '업종 제한'을 걸려고 할까요? 54
12. 계약 전에 반드시 챙겨야 할 인허가 체크리스트는 뭔가요? 58
13. 시설비와 권리금은 어떻게 구분해야 하나요? 62
14. 임차인에게 꼭 설명해야 할 리스크는 어떤 것들이 있나요? 66
15. 특약사항은 어떤 형식으로 써야 효력이 있나요? 70
16. 계약서 작성 전에 '이 3가지'만은 반드시 확인해야 합니다 74

CHAPTER 03
매매 중개의 포인트 1
수익형 상가부터 꼬마빌딩까지 - 매매 중개는 '분석력'과 '설득력'의 싸움이다

17. 수익률 계산은 어떻게 하나요? 78
18. 매도인이 부가가치세 포함 매매를 원하면 주의할 점은? 82
19. 상가의 '실사용 면적'과 '등기 면적'이 다른 경우 주의점은? 86
20. 임차인이 있는 상가 vs 공실 상가, 어떤 게 더 좋은가요? 90
21. 투자자와 실사용자의 매수 기준은 어떻게 다른가요? 94
22. 매매가를 산정할 때 가장 중요한 기순은 무엇인가요? 98
23. 건물 전체 매매 시 가장 먼저 확인할 서류는? 102
24. 꼬마빌딩 투자에서 가장 많이 생기는 문제는? 106

권리금의 모든 것

모든 상가 공인중개사는 결국 '권리금' 앞에서 실력을 평가받는다

25. 권리금이란 정확히 무엇인가요? ... 112
26. 시설권리금과 영업권리금은 어떻게 구분하나요? ... 115
27. 권리금이 오가는 방식에는 어떤 것들이 있나요? ... 119
28. 권리금은 반드시 계약서에 써야 하나요? ... 124
29. 권리금이 비싸서 계약을 포기하려 할 때 어떻게 조율하나요? ... 128

매매 중개의 포인트 2

업종에 따라 중개 방식도 달라진다 - 공간이 아니라 '사업'을 이해하라

30. 일반음식점 중개 시 가장 먼저 체크할 사항은? ... 134
31. 카페와 베이커리 매장은 무엇이 가장 중요한가요? ... 138
32. 무인 아이스크림/편의점 매장은 어떻게 분석해야 하나요? ... 142
33. 미용실이나 네일샵 중개할 때 놓치기 쉬운 포인트는? ... 146
34. 병원이나 약국은 어떤 상가에 들어갈 수 있나요? ... 150
35. 학원·유치원은 일반 상가랑 똑같이 중개하면 안 되나요? ... 154
36. 술집·호프집·포장마차는 어떤 규제가 있는지요? ... 158
37. 창업자와 경험자의 중개 접근법은 달라야 하나요? ... 162
38. 편의점은 입지보다 '주변 거리제한'이 더 중요한가요? ... 166
39. 업종 제한이 있는 상가에 미등록 업종을 넣으면 어떻게 되나요? ... 170
40. 업종별 체크리스트를 가지고 상담해야 할까요? ... 174
41. 포장·배달 전문점과 홀 운영 매장의 차이점? ... 177

상권 분석의 핵심
눈에 보이는 유동인구보다, 보이지 않는 '매출 흐름'을 봐야 한다

42. 상권이란 정확히 무엇인가요? 182
43. A급, B급, C급 상권은 어떻게 구분하나요? 185
44. 유동인구만 많으면 좋은 상권인가요? 189
45. 주말형 상권과 평일형 상권, 어떻게 판단하나요? 193
46. 상권이 살아있다는 것을 어떻게 증명할 수 있나요? 197
47. 상권이 몰락하는 조짐은 어떤 게 있나요? 201
48. 프랜차이즈 본사가 선호하는 상권은 어떤 조건인가요? 205
49. 경쟁 브랜드가 몰린 지역은 피해야 하나요? 209

계약서 작성 실무
실전에서 통하는 계약서는 단순 서식이 아니라, 리스크를 설계하는 기술이다

50. 상가 임대차 계약서와 주택 계약서는 무엇이 다른가요? 214
51. 특약사항은 어떤 문장으로 써야 하나요? 218
52. 보증금 반환 시점은 어떻게 정리해야 안전한가요? 222
53. 중도금 없이 계약을 진행해도 되나요? 226
54. 권리금 양도계약서와 임대차 계약서, 순서는 어떻게 해야 하나요? 230
55. 계약서 작성이 끝난 후, 반드시 확인해야 하는 마지막 항목은? 234

중개 보수 제대로 받기

중개 보수는 협상의 대상이 아니라, 신뢰의 대가다

56. 중개 보수 협상을 최소화하려면 무엇을 준비해야 하나요?　　238
57. 중개 보수를 나중에 주겠다는 고객, 어떻게 확실히 받아내나요?　　242
58. 경쟁 공인중개사와 중개 보수 차이로 고객이 이탈할 경우 대처법은?　　245
59. 고객에게 중개 보수를 먼저 언급해야 하나요, 계약 후 해야 하나요?　　248
60. 중개 보수를 받지 못했을 때 소송까지 갈 수 있나요?　　251

중개업 운영 전략

상가 중개는 '영업'이 아니라, '브랜딩과 리더십'의 싸움이다

61. 상가 전문 공인중개사로 브랜딩하는 방법은?　　256
62. 동네에서 "상가 하면 저 사람"하는 인식을 어떻게 만들까?　　259
63. 건물주와 지속적으로 관계 맺는 방법은?　　263
64. 고객 상담 일지를 쓰는 게 정말 도움이 되나요?　　266
65. 소개와 재방문을 유도하는 핵심은 무엇인가요?　　269
66. 경쟁 공인중개사가 많은 곳에서 나만의 무기는 무엇이어야 할까?　　272
67. 월간 영업계획서와 KPI 작성은 어떻게 하나요?　　275

나의 중개 인생, 이렇게 바뀌었다
실패도 자산이 되고, 감정도 무기가 된다. 중개는 내 인생의 전환점이었다

68. 상가 중개를 처음 시작했을 때 가장 두려웠던 순간은? 280
69. 상가 중개를 하며 인생이 달라졌다고 느낀 순간은? 283
70. 지금의 나를 만든 결정적인 선택은 무엇인가요? 286

Epilogue "계약보다 중요한 것은, 나를 믿게 한 말 한마디였다" • 290

나는 상가 중개를 몰랐다

초보 공인중개사가 반드시
부딪히게 되는 8가지 의문

상가 중개는 주택 중개와 어떻게 다른가요?

"자격증은 따냈는데, 막상 상가 매물을 보면 피하고 싶었습니다. 가게 하나를 보면서도 도망치고 싶던 때가 있었죠."

처음 공인중개사 자격증을 따고, 동네에서 사무소를 차렸을 때는 전세, 월세, 아파트 매매 정도면 충분히 생계를 꾸릴 수 있을 줄 알았다. 실제로 시작하고 몇 달은 그렇게 지나갔다. 전용면적, 관리비, 방향, 주차 여부 등 정해진 항목을 숙지하고, 등기사항전부증명서를 확인하고, 계약서만 쓰면 끝이었다.

그런데 어느 날, 단골 분식집 사장님이 갑자기 찾아와서 말했다.

"사장님, 가게 그만둘 건데요. 권리금 받고 넘기고 싶어요. 사람 좀 알아봐주세요."

머릿속이 하얘졌다. '권리금'이라는 단어를 들어본 적은 있었지만, 어떻게 설명해야 하고, 계약서에는 어떻게 써야 하며, 그 과정에서 공인중개사는 어떤 역할을 해야 하는지 아무것도 몰랐다.

그때부터 나는 상가 매물을 피했다. 두려웠기 때문이다. 모르는 게 많다는 것은 실수할 가능성이 많다는 뜻이었고, 실수는 바로 책임으로 돌아오니까.

주택은 사람이 살아가는 공간이다. 좋은 채광, 조용한 환경, 편리한 교통이 선택의 기준이 된다. 반면 상가는 돈이 오가는 공간, 정확히 말하면 '돈이 오갈 가능성'을 판단해야 하는 공간이다. 상가를 찾는 사람은 이사하려는 것이 아니라, 장사를 시작하려는 사람이다.

그 사람은 집이 아니라 '사업'을 계약하러 온 것이다. 그래서 같은 건물, 같은 층이라도 월세가 천차만별이며, 권리금이 생기기도 하고 없어지기도 한다. 무엇이 다르냐고 묻는다면 그 차이를 만드는 것은 매출의 가능성, 그리고 업종과 시간대, 유동인구의 흐름이다.

상가 중개가 어렵게 느껴지는 이유는 시험 문제에는 나오지 않는 세계가 펼쳐지기 때문이다. 권리금 산정 기준? 실무에서 몸으로 배워야 한다. 상가건물임대차보호법 예외 조항? 적용되면 리스크가 몇 배다. 고객이 말하는 수익률과 실제 수익률의 차이? 설명하지 못하면 계약은 깨진다.

같은 건물인데 월세 차이? 업종, 노출, 가시성, 배후수요가 답이다.

이런 것은 어느 교재에도 안 나와 있다. 오직 현장에서, 몸으로 겪으며 터득해야 한다. 이게 상가 중개의 진짜 무게다.

상가 중개를 시작하고 나서 달라진 것은 질문을 바꾸기 시작하면서부터였다.

'이 자리에 내 돈을 넣는다면 장사가 될까?' 하고 질문을 하게 되면서, 중개가 단순히 '공간을 연결하는 일'이 아니라 '사업을 설계해주는 일'로 보이기 시작했다.

입지, 상권, 유동인구, 업종 적합성, 권리금의 논리, 그리고 사장님의 자금 사정까지 모두 고려해야 하나의 계약이 완성된다. 이건 더 이상 단순한 부동산이 아니다.

상가는 전략이다. 상가는 연결이다. 상가는 흐름이다.

김명식의 실전 정리

- 주택 중개는 '사는 사람'을 도와주는 일이다.
- 상가 중개는 '장사하는 사람'의 성패를 함께 고민하는 일이다.
- 상가는 공간이 아니라 수익을 중개하는 것이다.
- 나는 공간의 안내자가 아니라, 입지 흐름과 업종 구조를 설계해주는 조력자가 되어야 한다.

"집은 이사하려는 사람이 찾지만, 상가는 인생을 걸고 찾아오는 사람이 찾는다. 그 무게를 이해하는 순간, 당신은 상가 중개의 문을 제대로 열게 되는 것이다."

상가 중개는 돈이 많이 되나요? 수익 구조가 궁금해요

"동네 공인중개사 하면서도 상가 중개는 손 안 댄다는 말, 왜 그런지 이제는 알겠더군요. 그만큼 크고, 그만큼 어렵고, 그리고… 그만큼 벌 수 있기 때문입니다."

처음에는 월세 30만 원을 받는 것이 전부였다. 공인중개사 자격증을 따고 사무소를 냈을 때, 나의 수입원은 전세·월세 계약 건당 20만 원~50만 원 수준이었다. 중개 보수는 법정요율에 따라 정해져 있기 때문이다.

가끔 아파트 매매가 들어오면 한 번에 몇 백만 원씩 들어오기도 했지만, 그건 드문 잔치였다. 꾸준한 수입원이 되는 것은 월세 계약이었고, 그마저도 하루 종일 사무소에 앉아 있어야 한두 건 겨우 잡히는 수준이었다.

그러다 어느 날, 우연히 소개받은 치킨집 점포 하나를 중개하게 되었다. 보증금 3,000만 원, 월세 200만 원, 권리금은 3,000만 원으로 제시됐고, 나는 공인중개사로서 임대차 계약과 권리금 양도양수계약을 함께 진행했다.

그 계약 한 건으로 받은 중개 보수와 수수료는 임대차 중개 보수 414만 원 + 권리금 수수료 150만 원으로 총 564만 원이었다. 이전에는 상상도 못한 금액이었다.

상가 중개는 '수수료 구조'부터 다르다. 상가 중개는 수익 구조도 다르다. 단지 건당 수수료가 큰 것이 아니라, 복합 수익 모델을 가질 수 있다.

상가 중개 수익 구조의 3대 축은 임대차 중개 보수, 권리금 수수료(양도양수), 사후 서비스인 리모델링/점포 컨설팅 등으로 추가 수익이 가능하고, 건물주와 지속적인 관계를 맺을 경우 재계약 루틴 수익화가 가능하다.

한 건당 200만 원~500만 원 수준은 비교적 일반적인 사례이며, 상가 매매나 빌딩 중개로 가면 단일 계약에서 1,000만 원 이상도 가능하다.

단, '잘하면 돈이 된다'는 것이지 '아무나 하면 돈이 된다'는 아니다.

상가 중개가 고수익 가능성이 크다고 해서 모두에게 쉬운 것은 아니다. 이것은 정보력과 신뢰, 협상력이 있어야 가능한 영역이다. 고객들은 상가를 고를 때 '이 점포가 돈을 벌 수 있느냐'라는 감각을 믿고 공인중개사를 선택한다.

단순히 방 3개짜리 아파트와는 달리 '입지와 업종과 흐름'을 말해줄 수 있어야 돈이 되는 분야다. 다르게 말하면, 실력이 쌓일수록 더 높은 수익을 보장해주는 구조다. 주택 중개는 일정 중개 보수 범위 내에서 끝나지만, 상가는 고객의 만족도, 상권 해석력, 신뢰도에 따라 '계약의 단가' 자체가 달라지는 구조인 것이다.

나는 어떻게 월 1천을 넘겼을까?

처음 상가 중개를 시작하고 6개월은 학습과 실패의 시기였다. 권리금 실수도 있었고, 임대인·임차인 사이에 끼어 곤란했던 적도 많았다. 하지만 1년째가 되던 시점, 상가 중개에 자신이 생기면서 매물 확보, 지역 상권 분석, 고객 상담까지 매뉴얼화된 루틴을 만들 수 있게 되었다.

그 결과, 처음으로 월 5건의 임대차 계약 + 1건의 매매 계약 = 수익이 1,000만 원을 넘긴 달이 생겼고, 그때 나는 확신했다.

"상가 중개는 단순한 중개가 아니라, 고객과 함께 사업을 설계하는 고부가가치 업이다."

김명식의 실전 정리

- 상가 중개는 '한 건의 수수료'가 아니라, 복합 구조의 수익이 가능한 업종이다.
- 권리금, 임대차, 사후 컨설팅까지 모든 연결고리에 수익 포인트가 존재한다.
- 실력이 쌓일수록 수익도 비례 상승하는 구조다.
- 월 1,000만 원 수입은 가능한 목표이며, 그 조건은 루틴 + 전략 + 신뢰다.

"상가 중개는 단순히 부동산을 다루는 일이 아니다. 사람의 인생을 설계해주는 일이자, 내 수입의 한계를 넘는 첫 관문이기도 하다."

'권리금'이 그렇게 어렵나요?

"처음 '권리금' 이야기가 나왔을 때, 계산기를 꺼낼 용기가 없었습니다. 계산보다 더 어려운 건, 설명하는 법이었습니다."

권리금, 단어 하나에 땀이 나던 시절, 내가 처음 권리금이라는 말을 들은 건 실무에 나선 지 3개월쯤 됐을 때였다.

그날은 점심 무렵, 1층 분식점 사장님이 사무소를 방문했다.

"여기 장사 접으려고요. 권리금은 3천 정도 생각하고 있어요."

그 말에 고개는 끄덕였지만, 머릿속은 완전히 멈춰 있었다.

'3천이라는데… 왜 3천일까? 시설비? 영업권? 바닥권리? 뭘 근거로 3천을 말한 거지?'

당시 나는 계약서 쓰는 법만 겨우 익힌 수준이었고, 권리금이라는 단어 자체가 '무형의 공포'로 다가왔다.

권리금이 어렵게 느껴지는 이유 3가지

'권리금'은 그 개념 자체보다도 설명과 설득 과정에서 공인중개사가 위축되기 때문에 어려운 것이다.

1. 법적 근거가 명확하지 않다

권리금은 '법적으로 보호되는 개념'이면서도 금액 산정 기준은 없고, 명문화된 표준 계약도 없다. 공인중개사가 확신 없이 말하면, 임대인이나 임차인에게 바로 불신을 유발할 수 있다.

2. 공인중개사가 양쪽 눈치를 동시에 봐야 한다

권리금은 대부분 기존 점포 사장님(양도인)과 새로운 점포 운영자(양수인) 간의 문제인데, 실제 계약 진행 과정에서는 임대인의 동의가 절대적이다. 3자 간 이해관계 충돌이 흔하기 때문에 공인중개사가 중립적이면서도 명확하게 설명할 수 있어야 한다.

3. "왜 그 금액이냐?"라는 질문에 논리로 답해야 한다

가장 어려운 순간은 이거다.

"사장님, 이 권리금 3천이 뭐예요? 제가 2천 5백 내면 안 돼요?"

이 질문에 당황해서 얼버무리는 순간, 계약은 무산되고, 공인중개사는 다시 공실 안내자로 돌아간다.

그날 이후, 나는 '권리금 상담 연습장'을 만들었다. 상가 중개에서 권리금이 전부는 아니지만, 권리금을 제대로 설명할 수 있을 때부터 진짜 상가 중개가 시작된다.

그래서 나는 동네 상권에 있는 점포들을 대상으로 다음의 항목을 정리하기 시작했다. 어떤 업종이 권리금을 붙이고, 어떤 업종은 못 붙이는가? 보증금과 월세 대비 권리금은 몇 퍼센트 수준인가? 고객이 납득할 만한 금액의 이유는 무엇인가? 시설물은 얼마짜리이고, 창업자는 그것을 돈으로 보는가?

그리고 내가 만든 건 이름하여 '권리금 설명 시뮬레이션 노트'였다. '이 점포는 6년 운영, 평균 매출은 월 2,000만 원, 주방 기기 그대로 넘기고, 식자재는 별도, 시설비 500만 원, 바닥권리 1,500만 원, 희망 권리금 2,000만 원, 협상 여지 있음' 이렇게 써보면서, 권리금은 감정이 아니라 데이터로 설득해야 한다는 것을 몸으로 익혔다.

권리금은 어렵지 않다. 단지, 체계가 없을 뿐이다. 권리금은 법률보다 심리와 신뢰가 더 중요한 요소다. 기존 사장님은 자신의 노력과 시간을 값으로 매기고, 창업자는 미래 매출의 가능성으로 가치를 따진다.

그리고 공인중개사는 그 중간에서 정서와 숫자를 동시에 연결해야 한다. 단순히 "이 자리는 이 정도가 시세예요"라는 말로는 설득이 안 된다. 차라리 "이 상권에서 이 업종이 월세 200에 이 매출이면, 이 정도 권리금은 충분히 형성되어 있는 상태입니다"라고 전문가처럼 말해야 신뢰를 얻을 수 있다.

> **김명식의 실전 정리**
> - 권리금은 공식이 아니라 흐름과 논리로 설명해야 하는 가치다.
> - 무조건 설득하려 하지 말고, 양쪽 입장을 연결하는 해석자가 되어야 한다.
> - 권리금은 시설 + 입지경쟁력 + 브랜드 잔존가치 + 상권 흐름을 반영하는 종합지표다.
> - 가장 좋은 권리금 설명은 '이 정도면 타당하다'라는 감정이 아니라 '이 조건이라면 누구든 납득할 수 있다'라는 구조를 보여주는 것이다.

"권리금은 숫자가 아니라 심리의 거리다. 그 간극을 정확히 해석할 수 있는 사람이 진짜 상가 공인중개사다."

4
공실 상가를 확보하려면 어떻게 해야 하나요?

"공실 매물은 도대체 어디서 확보하나요?"

나도 그 질문을 6개월 내내 달고 살았다.

공실은 인터넷에 없다. 처음 상가 중개를 시작했을 때, 무작정 포털 사이트의 매물란을 들여다봤다. 네이버 부동산, 지역 부동산 커뮤니티, 매물 공유 카페 등등….

하지만 이상했다. 수백 개의 상가가 있어 보여도, 막상 전화를 걸면 대부분은 "이미 계약됐어요" 혹은 "그건 허위예요"라는 답변뿐이었다. 공실이 넘쳐난다는데, 왜 내 눈앞에는 하나도 없을까? 답은 간단했다.
진짜 공실은 포털에 올라오기 전에 먼저 사라진다.

내가 매물 확보에 성공하기까지 걸린 시간은 약 3개월, 처음에는 진짜 매물 하나 못 잡고 매일 땀만 흘리며 돌아다녔다. 그러다 어느 날, 한 상가 건물 2층에 불 꺼진 매장을 올려다보며 작게 A4용지로 붙여진 안내문을 봤다.

'임대. 2층 22평. 문의 : 010-XXXX-XXXX.'

전화를 걸었다. 건물주가 직접 받았다. 그 자리에서 바로 "공실 상태로 보여주는 것이 가능하다"라는 답을 받았고, 내 인생 첫 '진짜 공실 매물'을 확보하게 됐다.

그 후로는 단순했다. 이 동네, 저 동네 돌아다니며 불 꺼진 점포, 안내문 붙은 유리창, 심지어 한 달 이상 택배가 쌓인 점포까지 체크하며 하루에 20곳 이상 매물 확보 전화를 돌렸다.

진짜 공실을 확보하는 3가지 루트

공실 매물 확보는 기술이 아니다. 발품 + 눈치 + 기록이다.

1. 거리 탐색 루트 - 도보 정찰

유리문에 안내문이 붙어 있는 점포를 찾는다.
영업 중이지만 장기휴업 상태인 점포도 눈여겨본다.
외벽이 깔끔하고 간판이 제거된 점포는 '리뉴얼 전 공실' 가능성이 있다.

> **실무 팁 ▶**

A4 종이, 손글씨, 허름한 종이는 '직거래'일 가능성이 높다.
부동산 마크가 없는 번호는 건물주 직통일 확률이 크다.

2. 지인·상인 연계 루트 – 말 걸기 전략

주변 편의점, 세탁소, 김밥집, 카페 등 '영업을 오래 한 상인'에게 말을 건다.
"혹시 이 근처 공실 있나요?"라고 묻지 말고
"사장님 여기 오래 되셨죠? 혹시 요즘 나가는 점포 있던가요?"라고 묻는다. → 기억에 기대는 질문이 통한다.

> **실무 팁 ▶**

명함을 주지 말고, 먼저 이름을 묻고 가게 자랑을 들어라.
그러면 다음 만남에서 진짜 정보를 얻는다.

3. 실제 공실 대응 루트 – 계약 직전 거절된 자리 활용

다른 공인중개사가 계약하지 못한 자리는 조건만 맞추면 바로 들어간다.
'조건 때문에 계약이 성사되지 않았다'라는 점포는 신속하게 대응하면 기회가 된다.

> **실무 팁**

"사장님, 혹시 지난번에 보러 왔다가 계약이 성사되지 않은 이유가 뭔지 알 수 있을까요?"

→ 그 이유를 해결해주면 바로 성사 가능하다.

공실을 확보하면 생기는 것은 단지 매물 하나가 생기는 것이 아니다. 건물주와의 신뢰가 생기고, 상가 전체 흐름에 대한 정보가 연결되며, 이후 모든 중개가 '내 매물'에서 시작되는 구조가 생긴다. 공실 매물은 공인중개사가 매물을 설명하는 것이 아니라, 공인중개사가 매물을 '소유'한 듯 운영하는 출발점이다.

김명식의 실전 정리

- 진짜 공실은 온라인이 아니라 거리에서 직접 눈으로 찾는 것이다.
- '누구나 보는 매물'이 아니라 '내가 먼저 확보한 매물'이 경쟁력이 된다.
- 매물은 얻는 것이 아니라, 건물주와의 대화 속에서 쌓아가는 관계가 자산이 된다.
- 상가 중개의 시작은 공실 확보에서 시작된다.

"건물 안을 먼저 본 사람이 아니라, 문밖에서 눈치 챈 사람이 매물을 가져간다. 공실은 찾는 것이 아니라, 읽는 감각을 기르는 것이다."

5 상가 매물은 어디서 구하나요?

"매물도 없이 상가 중개를 시작했다면, 그건 장비 없이 등산하겠다는 말과 같다. 처음에는 몰랐다. 매물은 누가 주는 것이 아니라, '내가 만드는 것'이라는 것을."

네이버에 매물이 없다? 그건 정상이었다. 초보 때 네이버 부동산을 들여다보며 상가 매물을 찾으려고 했다. 일반 주택처럼 '복층 원룸 월세', '신축 오피스텔 매매'처럼 깔끔하게 정리된 상가 매물이 쏟아져 나올 줄 알았다.

하지만 현실은 달랐다. 대부분 허위매물이거나, "그건 이미 계약됐어요"로 끝나는 전화뿐이었다. 그러다 이런 생각이 들었다.

'도대체 상가 매물은 어디 있는 거지? 왜 아무도 정확히 알려주지 않을까?'

답은 의외로 단순했다. 상가 매물은 시장에 나와 있는 것이 아니라, 상인들 사이, 건물주 사이, 중개인 네트워크 속에 흘러 다니고 있기 때문이다.

매물 확보는 정보 싸움이 아니라 신뢰와 루틴의 싸움

상가 매물은 크게 2가지로 나뉜다.

- **공실형 매물** : 실제 비어 있는 공간(임대 목적)
- **이전 예정 매물** : 운영 중인 점포가 권리금을 받고 나가려는 경우(양도 목적)

그리고 이 매물들은 포털에 올라오기 전에 대부분 지인, 상인, 중개인 네트워크를 통해 먼저 소진된다. 그럼 나는 어떻게 이 매물들을 확보했을까?

김명식의 실전 루틴 – 매물은 이렇게 만든다

① 상권 탐색 루틴 – '나만의 매물지도 만들기'
- 매일 오전 9시~11시 : 상권을 걸어서 돌며 점포 관찰
- 지도 앱에 공실 가능성 있는 점포, 이전 예고 팻말, 간판 철거된 곳 표시
- 2주일에 한 번씩 같은 동선을 반복하면서 변화 추적

> **핵심** ▶

'매물이 생긴다'가 아니라,
'언제 매물이 나올지를 내가 먼저 감지한다'라는 관점으로 본다.

② 상가주인 연결 루틴 – 직접 전화 & 명함 회수
- A4 종이가 하나라도 붙어 있으면, 그 번호에 직접 전화
- "공실인 점포 말고, 혹시 나갈 예정인 세입자 있나요?"
  → 이 질문 한마디로 보이지 않는 매물을 잡을 수 있다.
- 전화 후 일주일 내 재방문 or 감사 문자 필수

> **실무 팁** ▶

전화 한 번으로 안 되면, 세 번째 전화에서 "실제 계약 성사 확률 높은 고객이 있어요"라고 말해본다. 그 말에 마음이 움직인다.

③ 현장 정보 수집 루틴 – 상가 관리실, 상인과의 대화
- 같은 건물 내 상인에게 "혹시 위층에 나가는 점포 있나요?"
- 상가 관리실에 "점포 하나 찾고 있어서요. 임대 문의 어디로 해야 할까요?" → 여기서 얻는 한마디가 정보의 출발점이 된다.

> ⚠️ **주의**

직접적으로 "매물 주세요"라는 말보다 "이 근처 사장님들 어떤 업종 찾으시나요?"라고 우회하면 더 많은 정보가 나온다.

결국, 매물은 '정보'가 아니라 '관계'로 확보된다.

내가 매물을 많이 확보하던 시절에는 전화보다 직접 얼굴 보고 인사하는 횟수가 압도적으로 많았다. 점포 앞을 그냥 지나치지 않았고, 문 닫힌 곳을 보면 3초 이상 멈춰서 들여다봤다.

건물주, 업주, 관리실, 그리고 지나가는 지역 주민까지 모든 이들이 '그 동네에서 상가 중개 잘하는 사람 = 김명식'으로 인식했기 때문에 결국은 내가 매물 이전에 '신뢰'를 확보한 셈이었던 것이다.

김명식의 실전 정리
- 상가 매물은 찾는 것이 아니라, 준비하는 사람에게 먼저 온다.
- 상권 내의 작은 징후를 읽는 관찰 루틴이 매물보다 먼저다.
- 전화보다 방문, 명함보다 말 한마디가 더 큰 정보가 된다.
- 상가 중개는 '자료전달업'이 아니라, '매물 발견의 감각'을 가진 공인중개사의 영역이다.

"매물은 기다리는 것이 아니다. 한 발 먼저 나가서 관찰하고, 다시 한 발 물러서서 사람을 만나는 것, 그게 진짜 매물 확보다."

상가를 중개할 때 가장 먼저 공부해야 할 것은 뭔가요?

"상가 중개를 해보고 싶은데, 뭐부터 공부하면 될까요?"

질문은 늘 같다. 그때마다 나는 이렇게 되묻는다.

"장사가 왜 망하는지 아세요?"

이론보다 먼저 배워야 할 것은 '실패 원인'이었다. 내가 처음 상가 중개를 배우려고 할 때, '권리금', '상권분석', '임대차보호법', '입지' 등 딱딱한 단어들을 먼저 검색했다. 그런데 정작 현장에 나가 보니, 그 어떤 이론도 점포가 망하는 이유를 설명해주지 못했다.

한 점포의 권리금이 갑자기 '0'으로 떨어진 이유, 두 달 만에 폐업한 카페가 위치한 자리, 그런 것들이 궁금했지만 책에는 없었다. 그래서 나는 방향을 바꿨다. '상가를 공부한다'라는 말은, 사람이 왜 장사에 실패하는지를 이해하는 것에서부터 시작해야 한다.

상가 중개는 '공간'을 파는 일이 아니라, '성공 가능성'과 '실패 리스크'를 해석하는 일이다. 실제로 내가 소개했던 한 점포는 입지만 보면 완벽했다. 대로변 코너, 유동인구 풍부, 역세권. 하지만 그 자리에 들어간 업종은 무너졌다.

왜 그럴까? 오후 4시 이후 유동인구 급감, 경쟁 점포와 외관이 유사해서 차별성 부족, 인근 아파트 입주민과 업종 간 소비패턴 불일치, 나는 이 사건을 겪으며 깨달았다.

'상가 중개는 공간을 계약서로 연결하는 것이 아니라, 사업을 성사시킬 수 있는지 판단하는 일이구나.'

그래서 나는 '장사가 망하는 이유'부터 공부했다.

초보 시절, 나는 이런 노트를 만들었다.

실패하는 상가의 공통점 노트

- 대로변인데 한쪽 방향 유입만 있고 반대편은 정체
- 1층이지만 전면 유리창이 좁고 간판 시야가 끊김
- 프랜차이즈 유사 업종이 300m 이내에 3개 이상
- 업종과 공간 구조(주방/환기/전기용량)가 맞지 않음
- 주차는 되지만 접근성 떨어짐(경사, 1차선 골목)

이런 것들을 하나하나 현장에서 보고 기록하며 나만의 안목을 쌓았다. 그게 이론보다 더 강한 내 무기가 됐다.

상가 중개를 잘하고 싶다면, 공부보다 먼저 '현장 감각'을 키워야 한다. 내가 권하는 첫 학습법은 책상에 앉아 이론을 외우는 것이 아니라, 점포 100개를 직접 걸으며 보는 것이다.

그리고 다음 3가지 질문을 스스로에게 던져보라.

1. 이 자리에서 무슨 업종이 가장 잘 맞을까?
2. 이 점포는 왜 비어 있을까?
3. 내 돈이라면 이 자리에서 장사할 수 있을까?

이 질문에 내 답변이 점점 명확해질수록, 그게 바로 상가 중개 공부의 진짜 시작점이 된다.

김명식의 실전 정리

- 상가 중개의 출발점은 사업 실패 요인 분석 능력이다.
- 권리금·임대료보다 먼저, 상권 흐름과 업종 적합성을 보는 눈을 키워야 한다.
- 공부는 책보다 현장을 보고, 기록하고, 질문하는 습관에서 시작된다.
- 왜 망했는지 아는 사람만이, 왜 성공할지를 말해줄 수 있다.

"상가 중개를 공부하려면 '성공한 자리를 외우는 것'이 아니라 '망한 자리를 해석하는 것'부터 시작하라. 그게 바로 전문가가 되는 첫 발이다."

상가 임차인과 임대인의 관점은 어떻게 다른가요?

"임대인은 '건물'을 보고, 임차인은 '장사'를 봅니다. 그 시선의 차이를 이해하지 못하면, 공인중개사는 갈등의 통로가 됩니다."

초보 시절, 내가 가장 많이 틀렸던 것은 임차인이 점포를 보러 왔을 때 임대인의 말을 그대로 전달하곤 했던 것이다.

"월세는 250만 원이고, 권리금은 2,000만 원 정도입니다."

그러면 임차인은 이렇게 되묻는다.

"근데 매출은 얼마나 나와요? 저녁 장사는 돼요? 유입 동선은 어때요?"

그 순간 나는 멈췄다.

임대인은 금액을 기준으로 매물을 설명했지만, 임차인은 돈을 버는 구조를 궁금해했던 것이다. 이때부터 나는 확실히 알게 됐다. 임대인과 임차인은 '생각하는 프레임' 자체가 다르다.

임대인은 '보존'과 '수익'을, 임차인은 '변화'와 '가능성'을 원한다.

임대인의 관점

- 내 자산가치는 떨어지면 안 된다.
- 보증금은 높을수록 좋고, 월세는 안정적으로 받아야 한다.
- 시설은 마음대로 바꾸지 않았으면 좋겠다.
- 장사가 잘되면 좋지만, 내게 월세만 잘 들어오면 된다.
- 권리금? 손 안 대고 구경만 하고 싶다.

임차인의 관점

- 매출이 나는지, 그럴 가능성이 있는지 먼저 본다.
- 권리금이 비싼 이유를 정확히 알고 싶다.
- 시설을 내 방식대로 바꾸고 싶다.
- 주방, 간판, 냉난방, 화기 같은 영업 조건이 가장 중요하다.
- 임대인은 내 장사를 방해하지 않았으면 한다.

이처럼, 한 공간에 대한 '소유자의 언어'와 '사업자의 언어'는 완전히 다르다. 그리고 그 중간에서 언어 번역을 해주는 역할이 바로 공인중개사다.

공인중개사의 핵심 역량은 양쪽 언어를 '서로의 이익'으로 통역하기다.

예를 들어, 임대인이 월세 250만 원을 요구하는데 임차인은 220만 원까지만 가능하다고 한다면 이건 단순한 '금액 차이'의 문제가 아니다.

- 임대인은 '다른 사람은 이 가격에 들어왔었다'라는 기억이 작용하고,
- 임차인은 '현재 상권과 업종 수익 구조상 250만 원은 무리'라는 판단이 작용한다.

여기서 공인중개사는 감정 없이 '가능성과 리스크'를 숫자로 풀어내는 능력이 필요하다.

서로 다른 가치판단 체계를 수치와 사례로 연결해줘야 한다.

임대인 편도, 임차인 편도 아닌 '중립된 실무자'가 되어야 한다. 한번은 이런 일이 있었다. 임차인은 포장 전문 음식점을 준비했고, 점포는 전기용량이 부족했다. 임차인은 간단한 증설 공사를 원했고, 임대인은 "건물에 손대는 건 싫다"라고 거절했다.

이때 나는 양쪽 모두를 설득했다.

- 임대인에게는 "이 업종이 장사가 되면 오래 갈 수 있습니다. 소액으로 증설해드리고, 공사 후 복구를 약속받겠습니다."
- 임차인에게는 "이 건물주 분은 보수적이지만, 월세 인상 없이 장기 계약을 할 수 있을 겁니다."

그 결과, 계약은 성사됐고 그 점포는 3년 넘게 영업을 이어가고 있다.

이 경험을 통해 느꼈다.
중개는 거래가 아니라, 관계의 균형을 만들어주는 일이라는 것을.

김명식의 실전 정리

- 임대인은 안정성과 보존, 임차인은 매출과 가능성을 중시한다.
- 공인중개사는 양쪽의 언어를 실무 언어로 번역해주는 전문가가 되어야 한다.
- 중개는 갈등을 줄이는 일이 아니라, 서로 다른 입장의 조율로 신뢰를 설계하는 일이다.
- '누구의 편인가'보다 중요한 것은 '누구도 손해 보지 않게 만드는 설계력'이다.

"임대인과 임차인은 한 공간을 바라보지만, 전혀 다른 세상을 보고 있다. 그 둘의 시야를 연결해주는 사람이 바로 상가 공인중개사다."

상가 중개는 언제부터 '전문성'이 붙기 시작하나요?

"어느 순간부터 고객이 먼저 찾아오기 시작했습니다. '사장님, 이 동네 상가 잘 아시죠?' 그 말을 듣는 순간, '이제 나도 상가 전문가가 됐구나' 싶었습니다."

처음에는 '전문성'이라는 단어가 멀게 느껴졌다. 공인중개사 자격증을 따고 상가 중개를 시작했을 때, '전문성'이라는 단어는 경력 많은 사람들의 이야기처럼 들렸다. 상가만 10년 한 사람, 권리금 협상만 수백 번 해본 사람, 건물주들이 먼저 전화하는 사람… 그런 사람만이 '전문가'라고 생각했다. 하지만 지금은 말할 수 있다.

전문성이란 '몇 년 했는가'가 아니라 '몇 건을, 어떤 식으로 해결했는가'에서 시작된다.

전문성이 생기는 것은 '순간'이 아니라 '패턴'이다. 어느 날, 카페를 찾는 고객이 상담 중 이런 말을 했다.

"지난주에 다른 공인중개사한테도 물어봤는데, 그분은 그냥 '여기 괜찮다'라고만 하더라고요. 그런데 사장님은 매출 흐름까지 이야기해주시니까 믿음이 가요."

그 순간 느꼈다. 나는 "좋은 자리입니다"라고 말하는 사람이 아니라 "왜 여기가 장사가 되는 자리인지 설명할 수 있는 사람"이 됐다는 것을. 이게 바로 '전문성의 시작'이었다.

상가 중개에서 전문성은 3단계로 알아볼 수 있다.

1단계 : 고객이 질문을 바꾼다

초기에는 "이 점포 월세 얼마예요?" 같은 단답형 질문을 받지만, 전문성이 붙기 시작하면 "사장님, 이 상권 흐름은 앞으로 어떻게 될까요?", "여기 권리금 적정한 건가요?" → 이렇게 질문의 깊이가 바뀐다.

2단계 : 소개보다 분석을 원한다

매물 위치만 물어보던 고객이 "김 사장님, 여기는 어떤 업종이 맞을까요?"라고 묻기 시작한다. → '선택을 도와주는 사람'에서 '판단을 도와주는 사람'으로 바뀌는 순간이다.

3단계 : 매물이 아니라 '사람'을 찾아온다

고객은 더 이상 매물 주소를 검색하지 않는다. '상가 중개 잘하는 사람'을 먼저 찾는다. 그 대상이 바로 당신이 되는 순간, 전문성은 완성된다.

실무 능력 + 설명력 + 일관성이 만드는 '신뢰 곡선'

전문성은 단순히 많이 안다고 생기는 것이 아니다. 고객이 당신에게 신뢰의 곡선을 그릴 수 있어야 한다. 내가 모르는 것을 솔직하게 말하면서도, 다음에는 명확히 설명해줄 수 있는 사람, 실수하지 않되, 실수했을 때는 책임지는 태도를 가진 사람, 매물 정보를 넘기는 것이 아니라, 그 안에 판단 기준을 넣어주는 사람 이 3가지가 쌓이고 반복되는 순간, 당신은 상가 전문가가 될 수 있다.

김명식의 실전 정리

- 전문성은 '시간'이 아니라 '해결력'에서 시작된다.
- 고객의 질문이 바뀌고, 설명을 요구받고, 결국 '사람'을 찾기 시작할 때 전문성은 인정된다.
- 반복된 상담 경험 + 내 언어로 설명하는 연습이 공인중개사의 진짜 무기가 된다.
- 가장 강한 전문성은 '이 사람이면 괜찮다'라는 믿음을 주는 태도다.

"상가 전문가는 자격증 뒤에 숨는 사람이 아니라, 한 건 한 건을 내 장사처럼 고민해본 사람이다. 전문성은 그 고민의 흔적에서 자란다."

실전 임대차 중개의 기술

전화 상담부터 권리금 설명,
계약 협상까지
- 진짜 '중개'를 배우는 단계

임대차 계약을 시작할 때, 제일 먼저 확인해야 할 것은 뭔가요?

"계약서는 나중에 쓰면 된다고요?"
계약 전에 점검하지 않으면, 아예 계약 자체가 무의미해지는 경우가 훨씬 많습니다."

실무에서는 '계약서'보다 '사전확인서'가 먼저다. 초보 공인중개사 시절, 나는 고객이 "여기 마음에 들어요. 계약 진행할게요"라고 말하면 너무 기뻤다. 그리고 바로 계약서를 꺼냈다. 하지만 바로 그 순간, 문제가 터졌다.

"여기 건물주가 실소유자가 아니래요."
"시설 철거 의무는 어떻게 되는 거죠?"
"보건소 허가가 안 된대요."

계약서 쓰기도 전에, 계약이 무너지는 상황이 벌어진 것이다. 그때 깨달았다.

"상가 임대차 계약은 계약서가 아니라 사전확인서에서 시작된다."

임대차 계약 전에 반드시 확인해야 할 3가지

1. '진짜 주인'과 계약하는가?

→ 등기사항전부증명서상 소유자와 계약자가 다른 경우 위임장, 인감증명, 신분증 확인은 필수
→ 공인중개사는 명의 문제로 소송에 휘말릴 수 있으므로 계약 당사자의 자격부터 명확히 해야 한다.

실무 팁

가족 명의 건물인데 아들이 계약을 진행한다고 할 경우, 계약일 전에 위임장+인감증명서+소유자와 통화 녹취를 확보해두는 것이 안전하다.

2. 현 임차인과 점포 상황은 어떤가?

→ 점포가 현재 '공실'인지, '운영 중'인지에 따라 계약 전략이 달라진다.
→ 운영 중일 경우, 명도 가능 시기, 철거 여부, 시설양도 협의가 필수다.
→ 기존 임차인이 권리금 협상 중이라면, 임대인의 입장과 책임 범위 확인이 선행되어야 한다.

> **실무 팁** ▶
>
> "지금 세입자 언제 나가죠?"라고 묻기보다 "명도 일정은 확정되어 있나요?"라고 중립적 질문을 던져야 임대인도 부담 없이 진실을 말한다.

3. 업종 허용 여부 및 인허가 조건 확인

→ 계약하고 나서 '이 업종 안 됩니다'는 고객 신뢰를 한번에 잃게 만드는 실수

→ 용도지역 확인, 건축물 용도 확인, 보건·소방·환경 규정 체크 필요

→ 특히 음식점, 병원, 학원은 각종 기준이 다르므로 사전 문의와 체크리스트 점검이 생명선

> **실무 팁** ▶
>
> 상가마다 가능한 업종이 달라지므로, 상가 내 동일 업종 유무 / 관리규약 / 정화조 위치 등을 확인하는 것이 좋다.

계약 전에 확인하지 않으면 '책임'은 공인중개사에게 돌아온다. 한번은 점포 계약을 성사시켰는데, 잔금 직전에 고객이 "영업신고증이 안 나옵니다"라고 말했다. 알고 보니 정화조 용량이 부족했고, 해당 업종이 해당 건물에서 허가가 안 되는 구조였다. 임대인도 몰랐고, 임차인도 몰랐지만 고객은 내게 책임을 물었다.

"그걸 공인중개사가 미리 알았어야 하는 거 아니에요?"

그 사건 이후, 나는 계약서보다 먼저 '사전확인서 리스트'를 꺼내는 공인중개사가 됐다.

김명식의 실전 정리

- 계약서는 확인이 끝난 뒤 쓰는 문서지, 확인을 대신해주는 도구가 아니다.
- '소유자, 점유자, 업종 가능 여부'는 계약 전에 반드시 3중 체크하자.
- 계약 전에 점검하면 협상력이 생기고, 점검 없이 계약하면 책임이 생긴다.
- 실력 있는 공인중개사는 계약서를 꺼내기 전에 고객에게 질문부터 던진다.

"상가 중개는 서류를 잘 쓰는 사람이 아니라, 위험요소를 먼저 눈치 채고 미리 말해주는 사람이 전문가다."

권리금은 계약서에 어떻게 명시해야 안전할까요?

"사장님, 권리금 주고 들어왔는데 임대인이 나가라고 해요. 이럴 때 공인중개사님이 책임져주셔야 하는 것 아닌가요?"

실제 상담 중 한 고객의 말이다.

권리금은 금액이 아니라 '관계'를 다루는 문장이다.
공인중개사 시험공부를 할 때, '권리금'이라는 단어는 잠깐 언급된다. 하지만 실전에서는 계약서에 이 한 줄을 어떻게 쓰느냐에 따라 공인중개사의 명운이 갈릴 수도 있다. 나는 처음 권리금이 포함된 계약서를 쓸 때 이렇게 적었다. '권리금 2,000만 원 있음' 그리고 그 계약은 3개월 후 분쟁으로 이어졌다.

어떤 일이 있었을까?

기존 임차인은 음식점을 운영 중이었고, 새로운 임차인과 권리금 2,000만 원에 구두 합의가 됐다. 문제는, 임대인이 이를 모른 채 계약 당일에 '권리금은 인정 못한다'라고 반발한 것이다.

그 결과, 권리금 양도계약은 성립되지 않았고 임차인은 입점 포기, 기존 임차인은 권리금을 받지 못한 채 나가야 했고, 나에게는 '권리금 받은 것 아니냐'는 오해가 뒤따랐다. 그 뒤로 나는 철칙을 세웠다.

"권리금은 계약서에 '적당히' 쓰는 게 아니라, 모두의 책임 구조를 명확히 적는 것이다."

계약서에 권리금을 안전하게 명시하는 3단계 방식

1. 양도양수 계약서를 별도로 작성한다

- 권리금은 '임대차 계약'이 아니라 '사업 권리의 양도계약'에 해당된다.
- 양도인(기존 임차인)과 양수인(새 임차인) 사이에 별도의 계약서가 있어야 법적 근거가 생긴다.

> **실무 팁**
>
> 공인중개사는 양도양수계약서 작성 시 항상 문장 앞에 "중개대상물은 아니나, 양 당사자의 요청에 따라 작성함"을 명시해야 책임 회피가 가능하다(현시점에서는 공인중개사가 권리금 계약서 작성 금지).

2. 임대인의 동의 여부를 계약서에 명확히 쓴다

- 임대차계약서 내 특약사항에 다음 문장을 삽입한다.
- "임대인은 본 계약과 관련해 기존 임차인과 새로운 임차인 간의 권리금 양도에 대해 사전 인지 및 이의 없음에 동의함."
  - → 이 문장 하나로 임대인의 반발 가능성을 원천 차단할 수 있다.
  - → 공인중개사는 '몰랐다'라는 말이 나오지 않도록, 반드시 사전에 통지하고 서명받는다.

3. 권리금 수령 시점과 조건을 구체화한다

- "계약금과 함께 권리금 중 일부 수령"
- "잔금일 당일, 기존 임차인 퇴거 완료 후 권리금 지급"
- "영업 인허가 승인 이후 권리금 지급" 등 조건형 문장으로 명시한다.

특약 예시 ▶

"권리금 2,000만 원은 잔금일 당일 기존 임차인의 원상복구 및 명도 완료 확인 후 지급함. 해당 권리금에 대한 중개 보수는 본 계약서 작성 대상 아님."

계약서 한 줄이, 분쟁을 막고 신뢰를 만든다.

권리금은 공인중개사에게 수익이 아니라 리스크일 수 있다. 잘못 쓰면 중개 보수보다 훨씬 큰 피해를 입을 수 있다. 그래서 나는 권리금이 개입된 계약은 절대 혼자 쓰지 않고, 고객에게 반드시 설명 후 '녹취 or 문자로 확인'을 남기고 진행한다.

김명식의 실전 정리

- 권리금은 반드시 '양도양수 계약서'를 별도로 작성해야 법적 효력이 생긴다.
- 임대인의 동의 여부는 임대차 계약서 특약에 명확히 기재한다.
- 권리금 지급 조건은 시점, 방식, 환불 조건까지 구체적으로 작성한다.
- 공인중개사는 권리금과 관련된 오해 방지 문구를 반드시 넣어야 안전하다.

"권리금 계약은 금액이 아니라 '책임을 누구와 어떻게 나누는가'를 명확히 해야 한다. 한 줄이 당신을 지켜주고, 또 한 줄이 당신을 곤경에 빠뜨릴 수도 있다."

임대인은 왜 '업종 제한'을 걸려고 할까요?

"아무 업종이나 들어가면 안 되나요? 왜 임대인이 '안 되는 업종'이 있다고 하죠?"

그 이유를 모르면, 계약서에 조용한 분쟁의 씨앗을 남기게 된다.

업종 제한은 단순한 '제한'이 아니라, 건물주 입장에서의 '자산 보호 전략'이다.
상가를 계약할 때, 많은 공인중개사들이 이렇게 생각한다.

"세 놓으면 끝이지, 업종까지 왜 간섭하지?"

하지만 실제로 현장에서는 임대인이 "이런 업종은 안 돼요", "비슷한 업종은 받지 말아주세요"라고 먼저 요청하는 경우가 많다. 처음에는 나도 이해가 되지 않았다.

'공실 없애는 게 최우선 아닌가?' 하지만 상가를 '소득 자산'이 아니라 '가치 자산'으로 바라보는 임대인들은 단순 수익보다 장기적인 안정성과 브랜드 밸류를 더 중시한다.

임대인이 업종 제한을 거는 대표적 이유 5가지

1. 기존 점포 보호

→ 이미 입점해 있는 업종과 경쟁하는 유사 업종 입점을 막기 위함
→ 예 : 같은 건물 1층에 이미 '커피숍'이 있으면, 또 다른 카페 입점은 제한

> **실전 예시** ▶

프랜차이즈 피자가 있는 건물에 개인 피자 가게가 들어오려 하자 임대인이 거절
→ 기존 입점 업주의 반발로 계약 무산

2. 상가의 '이미지' 유지

→ 고급 상권 또는 특화된 업종 구성을 지키고자 하는 전략
→ 예 : 병원 건물에 1층 편의점, PC방, 노래방 등의 입점 제한

3. 시설 손상 및 관리 비용 우려

→ 고열, 고음, 진동, 폐기물 다량 발생 업종(족발, 세차장 등)은 설비 부담이나 주변 점포 피해 가능성 있음

4. 건물 전체의 상권 방향성 설정

→ 학원 상가, 병원 상가, 여성전문몰 등 '테마 상가'로 기획된 건물일 경우, 업종 일치 필요

이럴 때 공인중개사가 꼭 해야 할 일은 업종 제한을 '사전에 명확히' 확인하고, 계약서에 '구체적으로' 적는 것이다.

공인중개사가 가장 많이 실수하는 장면이 바로 이것이다.
"아, 그 업종은 안 돼요."
→ 이 말을 계약서 쓰고 나서 들으면 계약 해제, 손해배상, 명도 분쟁으로 이어질 수 있다.

실무 팁

- 계약 전 건물 관리인 또는 건물주에게 사전 업종 확인 필수
- 가능하면 문자나 메일로 서면 확인을 받아두는 것이 좋다.
- 계약서 특약에 다음 문구 삽입 권장 : "임대인은 본 임대차 계약의 업종('○○업')에 대해 이의 없음에 동의함."

업종 제한은 간섭이 아니라 '건물의 장기 전략'이다. 건물주는 단기 월세 수익보다 '입점 업종 간의 시너지'를 중시하는 경우가 많다.
예를 들어 병원, 약국, 물리치료, 건강보조식품 판매 등 상호 보완 관계가 형성되면 전체 건물 매출이 오르고, 건물 가치가 올라간다. 그걸 모르면 공인중개사는 "왜 이렇게 깐깐하냐"라며 기회를 날리게 된다.

하지만 그 철학을 이해하면, 건물주는 '매물보다 신뢰를 맡길 수 있는 공인중개사'로 보게 된다.

김명식의 실전 정리
- 업종 제한은 임대인의 브랜드 전략 + 리스크 회피 수단이다.
- 공인중개사는 계약 전 업종 제한 여부를 문서 or 문자로 확인하고, 계약서 특약에 구체적으로 작성해야 한다.
- 임대인이 원하는 방향성(업종군, 이미지, 기존 업주 보호 등)을 이해하고 존중하는 태도가 신뢰의 출발점이다.

*"중개는 '공간을 연결하는 기술'이 아니라 '관점을 조율하는 기술'이다.
임대인의 입장을 이해하는 순간, 계약은 더 수월해진다."*

12

계약 전에 반드시 챙겨야 할 인허가 체크리스트는 뭔가요?

"가게를 계약했는데, 막상 인허가가 안 나옵니다."

공인중개사가 이 한 마디를 듣는 순간, 계약서 한 장보다 무서운 책임이 따라오기 시작한다.

계약을 체결하고 나서 알게 된다면 그때는 이미 '너무 늦은' 상황이다. 한번은 이런 사건이 있었다. 상가 1층에 분식집을 오픈하려는 고객이 있었고, 보증금 3,000만 원, 월세 250만 원 조건에 계약이 성사됐다. 권리금도 깔끔히 정리됐고, 인테리어 공사까지 들어갔다.

그런데 문제가 생긴 것은 보건소 인허가 단계에서였다.

"환풍 덕트가 외부로 빠질 구조가 안 돼요. 이 조건으로는 일반음식점 허가가 불가능합니다."

결국 고객은 장사를 포기했고, 기존 임차인과 계약도 파기, 그리고 나에게 이런 말이 돌아왔다.

"이런 구조도 모르고 계약을 진행한 건, 공인중개사 잘못 아닌가요?"

음식점, 병원, 카페… 업종마다 인허가 체크 포인트는 전혀 다르다.

음식점 업종

- 일반음식점 : 환기 덕트 구조 필수, 손세정대 위치, 정화조 용량, 소방허가
- 제과제빵/도시락/포장전문 : 면적 기준 및 조리 설비 구비 요건 확인

실무 팁 ▶

이전에 사용했던 업종이 음식점이었더라도 안심하지 말자. 위생허가 기준은 해마다 변경되며, 임차인이 바뀌면 현장 재확인이 필요하다.

병원, 의원, 한의원

- 건축물 용도가 '제1종근린생활시설(의원)'인지 확인
- 3층 이상 입점 시 엘리베이터 유무
- 환기, 소음, 접근성 등 보건소 심사 기준
- 주차대수, 피난 경로 확보 여부(소방서 협의)

학원, 독서실, 교육시설

- 건축물 용도가 '제2종근린생활시설(학원)'인지 확인
- 출입문, 비상구, 소방시설 전수 확인
- 간판 및 외부 노출 가능 여부(광고물 허가)

피부관리, 마사지업, 네일샵

- 공중위생법 적용 여부 확인
- 여성전용 건물일 경우, 타 업종 입점 가능 여부 확인
- 이 업종은 특히 임대인 사전 동의 여부 중요

인허가 확인 없이 계약하면 공인중개사는 계약도 못 지키고, 신뢰도 잃는다. 공인중개사는 인허가 전문가가 아니다. 하지만 중개 전 인허가 리스크를 파악하고 고객에게 설명하는 역할은 해야 한다.

"이 점포, 인허가 문제 없나요?"라는 질문에 "잘 모르겠어요"라고 답하는 공인중개사와 "이 업종은 환기구 구조 확인해봐야 해요. 보건소 기준도 최근에 바뀌었거든요"라고 말하는 공인중개사 중 누가 신뢰를 받을까?

내가 쓰는 실전 인허가 사전 점검 질문 5가지

1. 이 건물에서 이전에 어떤 업종이 운영됐는가?
   → 업종 전환 시 허가 구조 문제 발생 가능성

2. 환기, 정화조, 전기용량, 가스 배관 상태는 어떠한가?
   → 주방, 병원, 공방 등 특정 업종 필수 요소

3. 소방시설과 비상구는 설치되어 있는가?
   → 학원, 병원 등은 소방설비 기준 강화

4. 층고, 출입구, 외부 간판 설치 조건은 허용되는가?
   → 입간판 금지 지역, 이격 거리 기준 체크

5. 해당 업종의 인허가 가능 여부를 건축물대장과 관리실, 지자체에 사전 문의했는가?

> **김명식의 실전 정리**
> - 계약 전에 인허가 조건을 체크하지 않으면, 계약 자체가 무효화될 수 있다.
> - 공인중개사는 인허가 전문가일 필요는 없지만, 리스크 유무를 고객에게 사전 고지할 책임은 있다.
> - 업종별 인허가 체크리스트를 내 머릿속이 아니라 손에 들고 다녀야 한다.
> - '허가가 날 수도 있다'라는 추측보다 '이 조건은 안 나온다'라는 확신이 더 중요하다.

"공인중개사는 계약서를 쓰는 사람이 아니다. 고객이 계약 후 후회하지 않도록, 사전에 한 번 더 '점검'해주는 사람이다. 그 한 번이, 고객의 몇 천만 원을 지켜준다."

시설비와 권리금은 어떻게 구분해야 하나요?

"권리금이 2,000만 원이요? 아니, 그중에 인테리어 비용이 얼마고, 기계는 어디까지 포함되는 거죠?"

이 질문에 공인중개사가 말을 더듬는 순간, 계약은 위험해진다.

처음에는 '권리금 = 시설'이라고 생각했다.

초보 시절, 권리금이 붙은 점포를 소개하다가 고객이 물었다.

"사장님, 권리금은 시설 포함이에요?"
"이 기계는 다 주시는 거예요?"
"이 냉장고는 업주 것이에요? 건물주 것이에요?

나는 당황했고, 답을 얼버무렸다. 결과는? 계약 파기. 고객은 "기계 포함이라더니 아니지 않냐?"라며 나를 의심했고, 기존 업주는 "그런 말 한 적 없다"라며 분노했다.

그때 깨달았다. 시설비와 권리금은 전혀 다른 성격의 가치라는 것을. 그걸 모르면 신뢰는 무너진다는 것을.

시설비 vs 권리금 – 실전 구분 포인트

시설비란?

- 유형자산(기계, 집기, 설비, 인테리어 등)
- 감가상각의 개념이 적용됨
- 양도 대상이 명확해야 함(항목 리스트 필수)
- 세금계산서 발급 가능 여부가 중요
- 철거 시 잔존물 처리에 대한 합의 필요

실무 팁

▶ 항목별 단가 + 설치 연도 + 상태 표기된 리스트를 작성

▶ 냉장고·에어컨·덕트 등은 특히 명확하게 표시해야 분쟁이 없음

권리금이란?

- 무형자산(상권 가치, 고객 유입력, 브랜드 입지, 영업 노하우)
- 영업적 goodwill(영업권)로 보며, 세법상 무형의 거래
- 설비가 하나도 없어도 '장사가 되는 자리'라면 권리금은 붙는다.
- 세금계산서 발급은 통상 어려움(개인 간 거래 시)

> **실무 팁**
>
> ▶ "영업 6년 차, 점심 피크 시간대 매출 80만 원 이상 유지"
>   → 이런 내용이 권리금 정당성을 만들어줌
> ▶ 권리금은 매출 + 시간 + 입지 + 업종조합의 결과물임을 명확히 설명해야 함

가장 많이 일어나는 실수는 '권리금 안에 시설이 포함되어 있다'라고 막연히 설명하는 것이다. 실제로는 "권리금은 goodwill이고, 시설비는 별도입니다", "권리금은 2,000만 원이고, 시설은 리스트 기준으로 800만 원입니다" 이렇게 구체적으로 구분해줘야 고객이 납득한다.

그렇지 않으면 임차인은 "이 기계 왜 안 주냐?"라고 따지고, 임대인은 "왜 내 건물 설비를 넘기냐?"라고 반발하며, 공인중개사는 "그 말은 그게 아니고요…" 하며 오해의 중심이 된다.

그렇다면 계약서에 구체적으로 어떻게 써야 할까?

특약 예시 ①

"권리금 2,000만 원은 기존 영업 goodwill 및 영업권 양도에 대한 금액이며, 별도의 시설 양도 대상 아님."

특약 예시 ②

"시설 일체(붙박이 집기 제외)는 800만 원에 별도로 양도하며, 양수인은 계약 당일 잔금 지급과 함께 기기 상태 확인 후 수령함."

→ "권리금은 권리금대로, 시설은 시설대로 설명하고 계약서에 구분 기재"

김명식의 실전 정리

- 시설비는 유형, 권리금은 무형. 헷갈리게 설명하면 분쟁이 생기고, 명확히 설명하면 계약이 성사된다.
- 권리금은 '장사 되는 입지 + 브랜드 가치 + 유동 수요'로 형성된다.
- 시설비는 감가 적용된 장비와 인테리어 가치다.
- 계약서에는 금액뿐 아니라 구성 항목까지 구분해서 기재해야 분쟁이 방지된다.
- 가장 중요한 건 고객이 "그게 뭐냐?"라고 묻기 전에 미리 설명하고 이해시켜 주는 태도다.

"권리금은 가게의 과거를, 시설비는 가게의 현재를 말해준다. 그 둘을 구분하지 못하는 공인중개사는 고객의 미래를 책임질 수 없다."

임차인에게 꼭 설명해야 할 리스크는 어떤 것들이 있나요?

"이런 건 계약 전에 말씀해주셨어야죠."

이 말을 듣는 순간, 계약서에 도장이 아무리 잘 찍혀 있어도 공인중개사는 '불신의 대상'이 된다.

계약 전, 공인중개사가 가장 자주 놓치는 것은 '서류'가 아니라 '경고'다. 한번은 작은 점포를 계약하면서 임차인이 신나게 이렇게 말했다.

"권리금 내고 바로 장사 시작할 수 있겠네요!"
"이 정도 위치면 잘되겠죠?"

그때 나는 '좋은 기회'라는 생각에 긍정적인 말만 해줬다. 하지만 한 달 후, 그 점포는 폐업했다. 이유는 단순했다. 오후 4시 이후 유동인구 급감, 뒷골목 위치로 야간 장사 불가능, 포장 매출 중심이라 매장 입지

부적합 등….

임차인은 이렇게 말했다.

"이런 점들을 미리 말해줬다면 계약 안 했을 거예요."

그 말을 듣고 나는 깊이 후회했다. '좋은 점'을 말하는 공인중개사보다 '위험'을 말해주는 공인중개사가 신뢰받는다는 것을 그제야 알았다.

반드시 설명해야 할 5대 리스크 포인트

1. 유동인구의 '시간대 편차'

낮에는 번화하지만, 저녁 장사가 전혀 안 되는 상권이 있음
카페·포장·주점 등은 시간대별 유동인구 중요

> **설명법** ▶

"여긴 오전 11시~오후 2시까지만 사람이 많아요. 오후 장사는 약하다는 걸 감안하셔야 합니다."

2. 업종 간 경쟁 밀집도

동일 업종이 3곳 이상 몰려 있는 경우 → 신규 창업자는 고전할 가능성이 큼

> **설명법** ▶

"이 거리에 이미 ○○업종이 3곳 이상 있어요. 진입하신다면 차별 포인트가 반드시 있어야 합니다."

3. 임대인의 입장과 협조 여부

건물주가 권리금 자체를 싫어하거나 시설 변경에 보수적일 경우, 영업의 유연성 자체가 막히게 됨

> **설명법** ▶

"건물주 분이 업종 변경이나 공사에 보수적이십니다. 계약 전, 어느 범위까지 허용되는지 확인하셔야 합니다."

4. 시설·배관·정화조 등 '영업 인프라' 문제

환기, 전기용량, 가스 배관, 정화조 용량 부족 → 인허가 불가 및 추가 공사비 발생

> **설명법** ▶

"이 점포는 구조상 덕트 설치가 어렵습니다. 보건소 확인 후 인허가 가능 여부를 반드시 체크해보세요."

5. 권리금 회수 리스크

주변 시세 대비 권리금이 높거나 상권이 하향 중인 경우, 권리금 회

수가 어려울 수 있음

> **설명법** ▶

"권리금이 이 지역 평균보다 높습니다. 운영이 잘 안되면, 나중에 회수가 어려울 수 있어요."

이렇게 말하면 계약이 깨질까 걱정되는가? 그렇지 않다. 진짜 고객은 '위험을 말해주는 사람'을 더 신뢰한다. 내가 직접 경험한 바로는 리스크를 충분히 설명하고도 계약이 성사된 고객은 오히려 재계약, 소개 연결률이 훨씬 높았다.

"그때 솔직히 말해줘서 믿음이 갔어요. 지금 다른 점포도 사장님께 먼저 여쭤보려고요."

이 말이 공인중개사의 '자산'이다.

김명식의 실전 정리

- 공인중개사는 좋은 점만 말하는 사람이 아니라, 위험도 정확히 경고해주는 실무 설계자다.
- 계약이란 '정보 전달'이 아니라 '정보 해석'이다.
- 리스크를 감추는 공인중개사는 신뢰를 잃고, 리스크를 설명하는 공인중개사는 관계를 얻는다.
- 좋은 계약은 칭찬으로 성사되는 게 아니라, 경고를 투명하게 전달하는 것으로 완성된다.

"계약 전에 말을 아끼면 계약 후에 책임이 커진다. 공인중개사의 진짜 힘은 '지금 아니라고 말할 수 있는 용기'에 있다."

특약사항은 어떤 형식으로 써야 효력이 있나요?

처음 상가 계약서를 작성할 때, 특약을 이렇게 썼다.

"상호 협의하에 문제 발생 시 원만히 해결함."

듣기에는 그럴싸했지만, 문제는 나중에 생겼다. 임대인과 임차인 사이에 냉난방기 교체 비용을 둘러싼 다툼이 있었고, 그 특약 문장은 아무 도움이 되지 않았다.

"무슨 말인지 모르겠는데요?"
"누구 책임인지 애매한데요?"

결국 그 계약은 분쟁으로 끝났고, 나는 제대로 된 특약을 쓰는 법을 공부하기 시작했다. 특약은 '분위기'가 아니라 '책임'을 명확히 쓰는 문장이다.

좋은 특약은 '상대방의 질문을 미리 차단하는 문장'이다.

나쁜 특약의 예

- "가능한 한 원상복구함"
- "관리비는 협의 후 납부함"
- "임대인과 임차인 간 합의 후 결정함"
  → 모두 불명확하고 해석의 여지가 많아 법적 효력 약함

좋은 특약의 예

- "임차인은 계약 종료 시점에 입주 당시 상태로 원상복구하며, 관련 비용은 전액 임차인 부담으로 함"
- "관리비는 매월 ○○만 원 정액으로 납부하며, 변동 시 서면 고지 후 1개월 이내 적용함"
- "본 계약 이후 임대인은 동일 건물 내 동일 업종 추가 입점을 제한함"

특약사항 효력을 갖추기 위한 3가지 필수 조건

1. 구체적 숫자와 시점 명시

- "가능한 한" → ×
  "잔금일로부터 30일 이내" → ○
- "적정 금액" → ×
  "월 200만 원(부가세 포함)" → ○

2. 주체, 행위, 책임 구분 명확

예 : "임차인은 인허가 진행과 관련된 절차를 스스로 진행하며, 허가 불가에 따른 계약 해제 시 임대인은 책임지지 않음"

→ 누가 / 무엇을 / 어떤 조건에서 / 책임 범위는 어디까지를 모두 포함해야 함

3. 계약 내용과 충돌 없는지 확인

- 계약서 본문과 특약사항이 서로 모순될 경우, 법적 분쟁 시 불리한 해석 가능
- 예 : 본문에는 '원상복구 제외', 특약에는 '원상복구 전면 이행'
  → 해석 충돌 발생

실무 팁

▶ 계약서 작성 전, 특약사항은 사전 메모지에 정리한 후 합의된 내용만 옮겨 적기

▶ 서명 전, 특약 문장 읽어주고 상대방의 동의 멘트 녹취 or 문자 확보해두면 분쟁 방지에 매우 효과적

특약은 공인중개사의 문장력에서 전문성이 드러나는 영역이다. 임대차 중개를 오래 해보면 느끼게 된다. 계약서 조항은 누구나 다 비슷하게 쓴다.

그런데 특약사항은 그 공인중개사의 실력과 경험이 그대로 드러난다. 불필요하게 길고 모호한 특약은 불신을 낳고, 짧고 명확한 특약은 신뢰를 만든다.

김명식의 실전 정리

- 특약은 계약의 '덧붙임'이 아니라, 책임 분쟁을 예방하는 가장 강력한 조항이다.
- 구체적인 수치, 주체, 조건을 빠짐없이 포함한 한 문장 설계 능력이 공인중개사의 전문성을 보여준다.
- 계약 전 특약사항은 고객과 함께 문장으로 '합의'하는 과정을 거쳐야 한다.
- 계약서의 10장보다 특약 한 줄이 더 큰 책임을 만든다.

"특약은 말이 아니라 증거다. 계약이 잘된 것은 도장으로 알 수 있지만, 계약이 잘 풀릴지는 특약 문장으로만 알 수 있다."

16 계약서 작성 전에 '이 3가지'만은 반드시 확인해야 합니다

상가 중개를 하다 보면, 임차인이 계약을 결정하고, 임대인이 수락할 경우 대부분의 공인중개사들은 바로 계약서를 꺼낸다.

그런데 실제 분쟁은 '계약서 작성 전 단계'에서 터진다.

"이 덕트는 임대인 거예요?"
"권리금 얼마까지 포함이죠?"
"전기 증설은 가능하대요?"
"철거는 누가 해요?"

이 질문들을 '서명 직전'에 들으면 이미 늦은 타이밍이다. 그래서 나는 계약서보다 먼저 꺼내는 질문 3가지를 항상 머릿속에 넣고 다닌다.

계약 전에 반드시 확인해야 할 3가지

1. 소유자와 계약 당사자의 일치 여부

- 등기사항전부증명서상 소유자와 계약자가 동일한가?
- 대리인일 경우, 위임장, 인감증명서, 신분증 3종 세트를 확보했는가?

실무 사고 사례 ▶

→ 사촌 형 명의 건물인데 동생이 계약 진행
→ 명의자 부인하고 계약 파기 → 공인중개사도 배상 청구당함

2. 시설물, 권리금, 철거 여부 명확화

- 기계, 인테리어, 간판 등 무엇이 남고, 무엇이 철거되는가?
- 권리금에 시설 포함 여부는 어떻게 정리되어 있는가?
- 원상복구 주체는 누구이며, 범위는 어디까지인가?

실무 팁 ▶

→ 계약서 작성 전, 반드시 사진 촬영 + 리스트화
→ "이 냉장고는 남나요?" 같은 질문이 나오지 않게 미리 정리

3. 영업 가능 여부, 인허가 리스크 확인

- 업종 제한이 없는지, 건물 용도가 적합한지
- 덕트/전기/정화조 등 영업 인프라가 준비되어 있는지
- 해당 업종 인허가가 건축물 구조상 가능한지

> **실무 실수 사례** ▶

→ 매물에 '주방 설치 가능'이라고 안내
→ 실제로는 소방 기준 미달로 허가 반려
→ 임차인 계약 철회, 권리금 반환 분쟁

공인중개사는 '계약서를 쓰는 사람'이 아니라, 계약서를 쓰기 전에 책임을 구조화하는 사람이다. 한번은 계약서 작성 직전, 나는 다시 한 번 이렇게 질문했다.

"지금 이 설비들, 다 남기는 것 맞죠?"
"사장님, 환기 구조는 직접 확인하셨어요?"
"임대인, 권리금 부분 동의하신 것 맞으시죠?"

이 질문으로 계약서는 조금 늦게 써졌지만, 계약 후 분쟁은 단 한 번도 없었다.

> **김명식의 실전 정리**
>
> - 계약서 작성 전 반드시 점검할 3가지 :
>   ① 소유자 확인, ② 시설/권리금/철거 조건, ③ 인허가 가능 여부
>   이 3가지가 계약서보다 앞서는 진짜 실무 항목이다.
> - 공인중개사는 계약을 성사시키는 게 아니라, 계약 후 문제를 예방하는 시스템을 만드는 사람이다.
> - 계약 전 점검은 신뢰를 만들고, 계약 후 해명은 신뢰를 잃는다.

"잘 쓴 계약서는 분쟁을 막는 게 아니라, 이미 '점검이 끝난 계약'에서만 나온다."

매매 중개의 포인트 1

수익형 상가부터 꼬마빌딩까지
- 매매 중개는 '분석력'과 '설득력'의 싸움이다

17

수익률 계산은
어떻게 하나요?

"사장님, 이 상가 수익률은 몇 %예요?"

이 질문에 바로 답할 수 없다면, 계약은 성사되지 않는다.

계산이 안 되는 공인중개사는 매수자 눈에 '정보전달자'일 뿐이다. 초창기 상가 매매 상담 때, 매수자가 이렇게 물었을 때 대답을 망설였다.

"보증금 3,000만 원, 월세 180만 원이면 수익률은 몇 %인가요?"
"음… 대충 5%대는 나오는 것 같은데요…."

그때 고객이 한 말이 잊히지 않는다.

"아, 대충이요? 알겠습니다. 그냥 더 알아볼게요."

그때부터 나는 '수익률 계산은 감이 아니라 구조'라는 것을 깨달았다. 그리고 지금은 '딱 보면 바로 설명하는 법'을 훈련했고, 그걸 배우러 오는 공인중개사들에게도 이렇게 말한다.

"상가 매매는 수익률을 말하는 게 아니라, 수익 구조를 해석해주는 일입니다."

상가 수익률의 2가지 핵심 공식

1. 단순 수익률 (보증금 포함) : Gross Yield

연 수익률=(월세×12)/매매가 × 100

예시) 매매가 4억 원, 보증금 3,000만 원, 월세 180만 원
→ 연 수익률 = (180만×12)/4억 원 × 100 = 5.4%

상담 멘트 예시 ▶

"기본 수익률은 약 5.4%입니다. 하지만 이건 보증금 포함 기준이기 때문에, 실제 수익률은 좀 다르게 봐야 합니다."

2. 순수익률(실투자금 기준) : Net Yield

순수익률=(월세×12)/(매매가 - 보증금)×100
→ 실제 현금 투자금 기준 수익률로, 투자자가 가장 중요하게 보는 수치

예시) 매매가 4억 원, 보증금 3,000만 원, 월세 180만 원
→ 순수익률 = (180만 원×12)/(4억 원-3,000만 원)×100 = 5.83%

상담 멘트 예시 ▶

"실제 고객님이 투자하시는 자금은 보증금 차감 후 3억 7,000만 원이고요. 그 기준으로는 5.8% 수익률입니다. 이게 실수익률이죠."

수익률 외에 꼭 같이 설명해야 할 3가지 변수

1. 공실 리스크 반영 여부

→ 공실 1개월 시 연 수익률 하락
→ '공실 없이 운영된다는 보장은 없다'라는 전제하에 설득

2. 관리비, 수선비 등 실비용

→ 월 180만 원을 받아도 실현 가능 수익은 160만 원일 수도 있음
→ 실투자 수익률은 '순수익률 - 유지비용률'로 조정 설명

3. 감가, 대출, 세금 등 실질 부담 요소

→ '세전 수익률'과 '실현 수익률'의 간극은 투자자의 의사결정에 큰 영향을 미침

초보 공인중개사가 빠지기 쉬운 함정

- 보증금 미반영 계산 : 실투자 수익률 왜곡
- 부가가치세 포함 계산 오류 : 세후 수익 착시
- 공실·리스크 고려 없이 '수익률만 높다' 강조 : 신뢰도 하락
- 투자자보다 수치를 못 읽는 공인중개사 : '정보 전달자'로 끝남

실무 팁 ▶

수익률만 말하지 말고, '고객이 실제로 받는 월 현금흐름은 얼마인지'를 알려주면 상담이 신뢰로 바뀐다.

김명식의 실전 정리

- 수익률은 단순 수치보다 '고객이 실제로 받는 돈' 기준으로 해석해야 설득력이 생긴다.
- 단순 수익률 + 순수익률을 모두 계산하고, 공실/세금 리스크를 반영해서 설명하는 연습이 필수다.
- 계산 실력이 아닌 해석과 설명의 흐름이 계약 성사의 핵심이다.
- 공인중개사는 계산기를 넘기는 사람이 아니라, 숫자를 이해시키는 사람이어야 한다.

"수익률은 숫자가 아니라 대화다. 계산을 넘기면 고객은 고민하고, 설명을 해주면 고객은 계약한다."

매도인이 부가가치세 포함 매매를 원하면 주의할 점은?

"부가가치세 포함해서 5억이면 돼요."

이 말 한 마디에 대충 계산하고 계약서를 쓰면, 공인중개사가 나중에 세금 폭탄을 맞을 수도 있다.

한 상가 매매 계약에서 매도인이 이렇게 말했다.

"그냥 5억에 다 포함해서 하면 편하잖아요. 세금이고 뭐고 신경 쓰기 싫어요."

나도 그 말에 고개를 끄덕이고 계약서를 작성했다. 그리고 잔금일, 문제가 생겼다.

- 매수인이 "5억은 순매매가로 알고 있었고, 부가가치세는 별도 지급

할 생각이 없었다"라고 주장
- 매도인은 "5억에 부가가치세 별도라고 했다"라며 완강함
- 공인중개사는 "합의하셨던 걸로 아는데요…"라는 애매한 중간자가 됐다.

그 사건 이후, 나는 깨달았다. '부가가치세 포함'이라는 말은 절대 말로만 넘기면 안 되는 항목이다.

상가 매매 시 부가가치세 포함 여부가 중요한 이유

1. 부가가치세는 '거래 대상이 아닌 세금'이다
→ 건물(건축물)은 과세 대상, 토지는 면세 대상이기 때문에 계약서상 부가가치세를 분리 명기하지 않으면 법적 분쟁 소지가 있음

2. 부가가치세 포함은 매수인 부담? 매도인 부담?
→ 합의 없이는 누구도 일방 책임 안 짐
→ 관행은 매도인 부담이지만, 계약서에 명시되어야 확정

3. 부가가치세 환급은 가능하지만 조건이 복잡
→ 사업자 등록, 자산 취득용 목적 증명, 사업 개시 신고 등
→ 환급 가능성은 있지만 절차 미이행 시 환급 불가

부가가치세 포함 매매 시 반드시 확인하고 명시해야 할 3가지

1. '부가가치세 포함'의 정의를 분명히 한다

- 계약서 특약 문구 예시 :
  "본 계약의 매매금액 5억 원은 부가가치세 10%를 포함한 금액임. 실제 공급가액은 4억 5천 4백 5십만 원이며, 부가가치세 4천 5백 5십만 원은 매수인이 포함 지급함."

→ 이 문장이 없으면 계약 무효 또는 손해배상 분쟁으로 연결 가능

2. 사업자등록 여부와 환급 가능성 확인

→ 매수인이 일반과세자일 경우 환급 가능
→ 간이과세자, 면세사업자는 환급 불가

상담 멘트 예시 ▶

"매수인께서 사업자 등록 후 임대사업용 자산으로 신고하시면 부가가치세 환급은 가능하나, 조건이 까다로워서 사전 확인이 필요합니다."

3. 건물/토지 구분가액 산정해서 공시

건물과 토지의 과세 구분이 명확해야 함
→ 감정평가서나 공시지가 기준 분리 필수

→ 부가가치세 대상은 건물금액 한정이므로, 매매가 전체에 대해 부가가치세를 계산하면 오류

공인중개사는 부가가치세를 직접 설명하지 말고 '계약서 문장'으로 정리해주는 역할만 한다. 세금 컨설팅은 세무사 영역이지만 세금 분쟁의 불씨는 공인중개사가 제공한 계약서에서 시작된다.

> **핵심** ▶

→ 세금 계산이 아니라 표현 정리
→ 누가 부담하는지, 얼마인지, 어떤 기준인지만 정확히 써주는 것

김명식의 실전 정리

- '부가가치세 포함'은 말로 끝내지 말고 계약서에 반드시 명시한다.
- 계약서에는 매매금액, 공급가액, 부가가치세액을 각각 분리 기재한다.
- 부가가치세 환급 여부는 공인중개사가 판단하지 않고, 매수인에게 세무사 사전 확인을 권유한다.
- 세금 오해를 막는 건 문장 한 줄이라는 것을 잊지 말자!

"공인중개사는 세금을 계산하는 사람이 아니라, 세금 때문에 오해가 없도록 기록을 설계하는 사람이다."

상가의 '실사용 면적'과 '등기 면적'이 다른 경우 주의점은?

"사장님, 20평이라고 들었는데 왜 등기에는 13평으로 되어 있죠?"

이 질문에 당황하면, 고객은 공인중개사를 신뢰하지 않고, 계약은 의심으로 시작된다.

"말로는 20평이라더니…."

실사용 면적 착시가 부른 항의, 나는 예전 한 고객에게 이렇게 설명했다.

"이 점포는 20평이에요. 넓죠?"

고객도 보고 마음에 들어 계약까지 진행했는데, 건축물대장을 열어본 순간 문제가 발생했다.

"전용 면적은 13평밖에 안 되네요? 나머지 7평은 뭐예요? 불법 구조물이에요?"

알고 보니, 기둥 없는 복도 일부, 전면 테라스 확장, 서비스 면적이 포함된 상태였다. 나는 당황했고, 고객은 "이럴 줄 알았으면 다른 데 봤을 것"이라며 계약을 파기했다. 그 후 나는 명확히 알게 됐다. '면적은 보는 것보다, 해석하는 능력이 더 중요하다'는 것을.

실사용 면적이 더 넓은 경우, 공인중개사가 반드시 해야 할 설명 3가지

1. '법적 면적'과 '체감 면적'은 다르다

상담 멘트 예시 ▶

"보시다시피 이 점포는 체감상 20평 정도지만, 등기상 전용면적은 13평입니다. 나머지는 복도 확장 및 서비스 공간이라, 법적으로는 포함되지 않지만 사용 중인 공간입니다."

2. '무단 확장' 여부 확인

→ 전면 테라스 확장, 창고 증축, 간이 벽 설치 등 불법 구조물은 철거 명령 대상 가능성 있음

상담 멘트 예시 ▶

"이 부분은 현재 사용 중이지만, 건축물대장에는 포함되어 있지 않아 불법 구조

물 여부는 시청 확인이 필요합니다."

> **실무 팁**
> → 가능하면 건축물대장과 현장 구조를 대조 확인
> → 사진 첨부한 도면으로 고객과 공유

3. 수익률 계산 시 건축물대장상 전용면적 기준인지, 실사용 면적 기준인지 구분

→ 감정평가나 대출심사는 전용면적 기준
→ 매수자가 실사용 기준으로 판단하면 수익률 과대 해석 가능성 존재

계약서에 반드시 반영해야 할 문장 예시

"본 부동산은 실사용 면적 기준 약 $66\,m^2$(약 20평)이나, 등기상 전용면적은 $43\,m^2$임. 서비스 공간 및 확장 구조물 포함 사용 중이며, 법적 면적과 차이 있음에 동의함."

→ 고객이 오해하지 않도록 면적 정보는 정확히, 명시적으로 안내

> **김명식의 실전 정리**
> - 상가는 눈으로 보는 면적보다 건축물대장상 면적이 계약과 세무의 기준이 된다.
> - 실사용 면적은 클수록 매력은 있으나, 불법 구조물일 경우 철거 리스크를 동반한다.
> - 면적 기준을 명확히 하지 않으면 수익률 착시, 계약 파기, 신뢰 저하가 모두 발생한다.
> - 계약서에는 면적 간 차이와 기준 사용 조건을 명시함으로써 분쟁을 예방한다.

"상가 면적은 숫자가 아니라 신뢰다. 넓게 보인다고 덜 설명하면, 좁게 느껴져도 계약은 멈춘다."

20 임차인이 있는 상가 vs 공실 상가, 어떤 게 더 좋은가요?

"사장님, 지금 임차인이 장사 중이라서 안정적이긴 한데… 그냥 공실이면 제 마음대로 써서 더 좋은 것 아닌가요?"

정답은 없다. 하지만 고객에게 '판단 기준'을 줄 수 있는 공인중개사만 계약을 성사시킨다.

"이 상가, 임차인 있는 건가요?"

이와 같은 매수자의 질문에 예전에는 단순히 "네, 월세 220만 원 받고 있어요"라고만 말했다. 그러자 고객은 고개를 갸웃하며 물었다.

"근데 임차인이 나가면 어떻게 하죠?"
"장사가 잘되는지도 모르겠고…."

그때 나는 알게 됐다. '매도자는 월세가 장점이라고 생각하지만, 매수자는 리스크로 본다' 즉, 같은 정보라도, 시야에 따라 전혀 다르게 해석된다.

비교의 핵심은 '고정 수익 vs 전략 자유도'

임차인 有(수익형)	공실 상가(자유형)
장점	
✔ 수익률 계산 용이	✔ 내 업종 입점 가능
✔ 안정적 자산관리 가능	✔ 권리금 협의 유연
✔ 월세 수익 즉시 발생	✔ 리모델링 가능
단점	
✕ 계약갱신청구권 대응 필요	✕ 수익률 예측 어려움
✕ 임차인 변경 시 리스크	✕ 임대료 조정 어려움
	✕ 공실 기간 불확실
	✕ 초기 투자비 추가
목적	
안정성 중시 투자자, 노후 소득형 매수자	직접 사용 예정, 공격형 투자자, 신축 선호층

공인중개사가 고객에게 던져야 할 '3가지 판단 질문'

1. "수익을 바로 원하시나요, 시간을 들여 원하는 걸 만들고 싶으신가요?"

→ 수익형 vs 전략형 투자 기준 제시
→ "지금 월세 받는 게 중요한가요, 아니면 직접 쓰는 게 중요한가요?"
→ 답에 따라 매물 포지셔닝이 달라짐

2. "임차인의 업종과 매출, 계약 조건 확인하셨나요?"

→ 상가의 가치는 입주자 상태가 좌우
→ "현재 장사가 잘되고 있는지, 계약 만료까지 얼마나 남았는지 확인해보셔야 합니다."
→ '좋은 임차인'이 있는 상가는 공실보다 낫다.

3. "공실이면 어떤 업종을 유치하실 계획인가요?"

→ 공실은 기회이자 리스크
→ 유치 업종이 없다면 수익 공백기 길어짐
→ 업종 제안과 시뮬레이션이 가능하면, 공실도 매력적임

상담 팁▶

고객이 원하는 방향을 '기정사실처럼 말하지 마라, 기준을 줘라'

"임차인이 있는 게 낫죠."
"이 물건은 지금 수익률이 5.4% 정도 나오고 있고, 임차인 업종도 안정적이라 장기 운영 가능성 높습니다."

"공실이면 불안하잖아요."
"이 위치는 1개월 이내 입점 가능 업종이 3가지 이상 있고, 권리금도 유연하게 협상 가능해서 전략적으로 좋습니다."

김명식의 실전 정리

- 임차인이 있는 상가는 수익 즉시 발생, 공실 상가는 활용 전략에 유연성이 있다.
- 매수자 유형(안정형/공격형), 목적(임대/직영)에 따라 추천 포인트가 완전히 달라진다.
- 공인중개사는 "좋다"가 아니라, "이 매물은 이런 사람에게 맞습니다"라는 기준을 제공해야 한다.
- 정보 전달보다 판단 기준 제공이 계약을 만든다.

"상가는 '정보'로 파는 게 아니라 '판단을 도와주는 기준'으로 계약된다. 당신의 설명이 기준이 되는 순간, 고객은 믿고 따른다."

투자자와 실사용자의 매수 기준은 어떻게 다른가요?

"사장님, 저 투자로 살 건데 괜찮을까요?"
"저는 가게 하려고요. 자리만 좋으면 되지 않나요?"

똑같은 상가지만, 이 둘의 질문은 완전히 다른 답을 요구한다.

상가는 똑같아도, 매수자의 목적에 따라 보는 기준은 180도 달라진다. 초보 시절, 나는 모든 매수자에게 "수익률이 좋습니다", "앞으로 상권 좋아집니다" 같은 말로 통일된 멘트를 썼다. 그런데 이상하게도, 투자자는 "리스크는요?"라고 물었고, 실사용자는 "전기나 수도는 충분해요?"라고 물었다. 그제야 깨달았다.

매수자의 기준은 다르고, 기준이 다른 사람에게 같은 말은 의미가 없다.

투자자 vs 실사용자, 매수 기준 핵심 비교

항목	투자자	실사용자
1순위 판단 기준	수익률, 공실률, 임차인 신뢰성	업종 적합성, 시설 상태, 고객 동선
관심 지표	보증금/월세, 잔존 계약 기간, 매매가 대비 수익	상권 유입 동선, 인허가 가능 여부, 리모델링 여지
우려하는 요소	공실 리스크, 낮은 수익률, 명도 문제	장사 안되는 자리, 구조 불편, 입지 미스
계약 후 목표	수익 안정성, 향후 매각 가능성	창업 성공, 매출 확보, 고객 유입

공인중개사가 고객 유형에 따라 바꿔야 할 3가지

1. '소개 멘트'부터 다르게 시작한다

투자자에게는 "현재 임차인 월세는 230만 원, 보증금은 3,000만 원입니다. 수익률이 약 5.8% 정도고, 2년 이상 장사한 업장입니다."

실사용자에게는 "현장 구조가 넓고 주방 설비 충분히 들어갑니다. 전면 유리로 가시성도 좋고, 주변에 같은 업종 경쟁이 적어요."

2. '제시 물건' 자체가 달라야 한다

• 투자자
→ 임대 안정성 중심. 기존 임차인 계약 확인, 수익률 즉시 분석
→ 공실이라면 유치 가능한 업종 제안까지 포함되어야 함

- 실사용자
  → 자기 업종에 적합한 구조, 전력, 수도, 인허가 조건이 핵심
  → 인테리어 가능 범위, 확장 구조 허용 여부 등도 중요

3. '계약 후 시나리오'까지 말해줘야 한다

- 투자자

"이 물건은 매입 후 5년 내 공실률이 낮고, 권리금 회수 가능한 입지라 안정적입니다."

- 실사용자

"1개월 내 입점 가능하고, 인허가 설계 변경도 무리 없습니다. 장사 시작 시점 기준으로 2~3개월 내 수익 안정권 예상됩니다."

초보 공인중개사가 자주 실수하는 말

"이 상가가 워낙 괜찮아서요."
"그냥 사두면 오를 거예요."
"지금 자리가 나왔다는 게 기회죠."
→ 이런 말은 두 고객 유형 모두에게 신뢰를 잃는 멘트다.
→ 고객은 '나에게 맞는 정보'를 듣고 싶어 하지, 일반적인 칭찬을 원하지 않는다.

김명식의 실전 정리

- 똑같은 상가도 매수 목적에 따라 설명, 제안, 계약 방식이 달라져야 한다.
- 투자자 : 수익률·안정성 중심 정보 + 리스크 관리
- 실사용자 : 업종 적합도·시설 상태 중심 정보 + 현장 유연성
- 고객이 누구냐에 따라, 공인중개사의 말투·물건·제안서가 바뀌어야 한다.

"상가를 잘 파는 공인중개사는 많지만, 상가를 '목적에 맞게' 추천해주는 공인중개사는 신뢰를 만든다."

22
매매가를 산정할 때 가장 중요한 기준은 무엇인가요?

"이 상가, 얼마에 내놓으면 팔릴까요?"
"이 정도 시세는 받아야 하지 않나요?"

이런 질문은 감으로 답하면 사고 나고, 기준을 제시하면 계약이 이어진다.

처음에는 '시세는 감이다'라고 생각했다. 상가를 내놓겠다는 의뢰인이 있었다. 나는 그냥 이렇게 말했다.

"요즘 이 동네가 평당 2,000만 원 정도 하니까… 7억 원 정도면 되지 않을까요?"

그 말은 결국, '고객 설득'이 아니라 '내 느낌'을 전달한 말이었다. 문제는 이 매물은 3개월이 넘도록 팔리지 않았고, 의뢰인은 내게 이렇게 말했다.

"사장님은 그냥 말만 하신 거였네요."

그때 나는 알게 됐다.

"상가 매매가는 설득의 도구지, 계산 없이 정하는 숫자가 아니다."

상가 매매가를 결정짓는 4가지 핵심 기준

1. 수익률(Yield) – 투자자가 보는 기준

매매가 = 연 월세수입/목표 수익률

예시) 월세 180만 원 × 12 = 연 2,160만 원
목표 수익률 5% → 매매가 = 2,160 ÷ 0.05 = 4억 3,200만 원

▶ 상담 멘트 예시 ▶

"요즘 이 상권 수익률 기준이 5% 내외라, 이 월세라면 4억 3천 정도가 현실적입니다."

2. 입지와 업종 – 실사용자와 실거주 수요 기준

코너 상가, 전면 노출, 역세권 등은 프리미엄 부여
유동인구, 차량 동선, 업종 경쟁도 고려

특히 비슷한 입지에 유사 업종이 잘되는 사례가 있으면 영향력 큼

실무 팁 ▶

→ 현장 조사 후 동종 업종 성업 사례 + 실패 사례를 함께 제시하면 설득력 상승

3. 권리관계·임대조건 – 매물의 내부 구조 분석

- 기존 임차인의 계약 기간, 월세/보증금, 권리금 존재 여부
- 명도 조건, 수리비, 하자 등 '보이지 않는 비용'
- 임차인의 질(브랜드, 연차, 신뢰도)도 가격에 영향

상담 멘트 예시 ▶

"보증금 대비 월세가 높고, 임차인도 3년 운영 중인 프랜차이즈라 수익 안정성이 높습니다. 이 점이 매매가에서 작용됩니다."

4. 시세와 최근 거래사례(Comparable Sales)

- 가장 강력한 가격 설득 도구
- 근처 동일 층/유사 면적/비슷한 임차 조건 매물과 비교
  → 평당가 비교 vs 연 수익률 비교를 병행해야 정확

상담 멘트 예시 ▶

"바로 옆 건물 ○○호는 3개월 전 4억 5천에 거래됐습니다. 월세는 이 물건보다 낮았으니, 지금 이 가격은 합리적입니다."

중요한 것은 고객에게 '어떻게 설명할 것인가'다

"요즘 이 동네 시세가 이래요." → 감정 아닌 데이터 중심으로 정리

"동일 상권, 동일 조건의 최근 거래가 이렇습니다."

"이 월세면 수익률 기준으로 ○억 원 수준입니다."

> **김명식의 실전 정리**
> - 상가 매매가는 수익률·입지·조건·거래사례 4가지가 합쳐진 결과물이다.
> - 공인중개사는 '이 가격이 왜 적절한가'를 설명할 수 있어야 한다.
> - 투자자에게는 수익률, 실사용자에게는 입지·업종 기반으로 접근한다.
> - 숫자와 사례로 말하면 신뢰가 생기고, 감으로 말하면 고객은 '더 알아보겠다'라고 한다.

"상가는 얼마냐가 중요한 게 아니라, 왜 그 가격이 합리적인지를 당신이 설명할 수 있느냐가 중요하다."

건물 전체 매매 시 가장 먼저 확인할 서류는?

"등기사항전부증명서를 떼봤더니 문제 없어요. 그러면 괜찮은 것 아닌가요?"

이런 생각으로 계약을 서두르면, 잔금일에 모든 리스크가 폭발할 수 있다.

한때는 등기사항전부증명서만 보면 된다고 믿었다. 건물 전체 매매 건을 처음 맡았을 때, 나는 등기사항전부증명서만 확인하고 이렇게 생각했다.

"대출도 적고, 소유자도 명확하네. 문제 없다."

하지만 그 뒤에 임대차현황표에 누락된 계약이 있었고, 관리비 체납이 1,500만 원 이상이었다. 잔금일에 이 사실이 드러나자, 매수자는 분노했고 매도인은 "왜 미리 확인 안 했냐?"라고 했다. 나는 그 중간에서 계약 파기의 책임자가 됐다. 그 이후로 나는 건물 전체 매매 시 가장 먼저 보는 서류를 다시 3가지로 정리했다.

건물 전체 매매 시 반드시 먼저 확인해야 할 서류 3종

1. 임대차 현황표(상가 건물 임대차 정보제공 요청서)

→ 등기사항전부증명서에 나오는 것은 '대항력 있는 임차인(전세권, 임차권 등)'뿐
→ 실제로는 대항력 없는 임차인도 존재
→ 현황표 없으면 공실인 줄 알았던 호실이 월세 미납 중인 계약자 명의일 수 있음

실무 팁

→ 매도인에게 전 호실의 임대차 현황표 직접 요청
→ 등기사항전부증명서와 대조해서 숨겨진 계약 여부 확인

2. 관리비·전기·수도 등 공과금 체납 내역서

→ 특히 상가 건물은 전체 단지형일 경우 공동관리비 미납 누적 시 위험도 큼

실무 팁

→ 공인중개사가 확인함

상담 멘트 예시

"건물 전체 인수 전에, 관리사무소에서 체납 내역 한번 확인하셔야 합니다. 잔금 시점에 누적되면 예상치 못한 부담이 될 수 있어요."

3. 건축물대장(집합·일반 건물 모두 해당)

→ 실제 건물 구조와 현장이 다를 수 있음
→ 무단 증축, 용도 불일치, 불법 용도변경 시 향후 세금·영업 인허가·대출에 치명타

실무 팁

→ 건물 전체 도면 구조까지 확보해 불법 개조 여부, 공용면적 오용 여부까지 체크
→ 현장 답사 + 건축물대장 확인은 세트로 진행

〈그 외 실전 공인중개사가 함께 확인하는 3가지 추가 자료〉

항목	설명
등기사항전부증명서(건물 + 토지)	지분 여부, 근저당 순위, 가압류 존재 등 권리관계 명확화
감정평가서(있는 경우)	가격 정당성 확보 + 매수자 설득용
최근 3년간 월세 수입표	수익률 설명, 공실률 예측, 매수자 신뢰 확보

계약 전에 이 서류 3종을 먼저 보면 '리스크를 예방'하고, 계약 후에 보면 '책임을 뒤집어쓴다'. "이거 공실인 줄 알았어요", "이쪽 호실은 명도 안 되나요?", "누가 쓰는 간판이에요?" 이 모든 질문은 계약 전 서류 확인으로 막을 수 있었던 것들이다.

김명식의 실전 정리

- 건물 전체 매매는 호실 하나 거래와 차원이 다르다.
- 반드시 먼저 확인해야 할 서류는 ① 임대차 현황표, ② 공과금 체납 내역서, ③ 건축물대장이다. 계약 전 이 3가지를 확보하면 잔금일 혼란, 매도인·매수인 갈등, 명도 분쟁을 예방할 수 있다.
- '문제 없는 계약'은 운이 아니라, 공인중개사의 사전 확인으로 완성된다.

"계약을 잘하는 사람은 많다. 하지만 계약 전에 문제를 걸러내는 사람이 진짜 전문가다."

꼬마빌딩 투자에서
가장 많이 생기는 문제는?

"건물 하나 사두면, 노후는 끝난 거 아닌가요?"

이런 생각으로 들어갔다가, 5년 만에 다시 매물로 내놓는 투자자들이 많다.

'수익형 자산'의 대표, 꼬마빌딩. 하지만 문제는 수익이 아니라 관리에서 시작된다. 상가 투자 초기 시절, 한 고객이 매입한 지 1년도 안 된 건물을 급매로 내놨다.

"사장님, 이 건물 그냥 다시 팔게요. 관리도 힘들고, 생각보다 돈도 안 돼요."

이야기를 들어 보니, 임차인 교체, 공실 공백기, 수도요금 미납, 유지보수 문제까지 모든 게 동시에 터진 상황이었다. 그 사건 이후, 나는 이렇게 정리했다.

"꼬마빌딩은 자산이 아니라 직접 운영해야 할 '사업체'에 가깝다."

실전에서 가장 많이 터지는 꼬마빌딩 문제 TOP 5

1. 공실 리스크 예측 실패

- 1층만 보고 매입했으나, 2~3층 장기 공실로 수익률 붕괴
- 상가 입점률은 입지보다 '입점 업종의 조합'과 '층별 활용도'가 좌우함

▶ 상담 멘트 예시 ▶

"건물 전체 공실률은 0%여도, 층별로 공실 장기화되는 구조가 있을 수 있습니다. 특히 2층 이상은 업종을 정확히 분석해야 합니다."

2. 관리비, 공용설비 수리비 등 운영비 과소 예상

수도관 노후, 엘리베이터 유지비, 외벽 방수 등 연 1,000~2,000만 원 이상의 비가시적 지출 → 수익률 계산 시 '실수익률'이 1% 이상 낮아지는 경우도 흔함

▶ 실무 팁 ▶

→ 매입 전 최근 3년간 유지보수 내역 확보
→ 관리인 고용 계획까지 포함한 수익 계획 필요

3. 건축물 리스크(불법 증축, 용도 불일치)

- 3층에 주거세입자가 있었는데 건축물대장은 근린생활시설 → 주택으로 쓰인 부분은 과태료 대상
- 상가 목적이라고 해도 주방설비 설치 시 위생·소방 조건 미충족 가능성

상담 멘트 예시 ▶

"건축물대장과 실제 사용 목적이 다른 경우, 매입 이후 불이익을 받을 수 있습니다. 건물 사용 현황을 반드시 체크하셔야 합니다."

4. 임차인 관리 미숙(수익률 착시)

- 전 임대차계약서 그대로 인수했지만, 임차인 연체 상습 + 관리비 미납 + 시설 파손
- 계약상 '임대인 책임'으로 규정되어 있던 부분은 매수인에게 자동 이전됨

해결책 ▶

→ 매매 계약 전 반드시 임차인 상태 확인 + 현장 방문 + 현 계약서 검토

5. '리모델링하면 수익률이 오른다'는 환상

외장 리모델링비로 5,000만 원을 투자했지만, 기존 임차인 월세 그대로 유지 → 수익률 변동 없음 + 감가손실만 발생

> **상담 멘트 예시** ▶

"건물을 예쁘게 바꿨다고 해서 수익이 오르는 것은 아닙니다. 변화는 입점 업종 + 공실 해소 + 임대료 조정 3요소가 맞아야 가능합니다."

공인중개사가 매입 전 꼭 던져야 할 질문 3가지

1. "건물 관리에 시간과 인력을 쓸 수 있으신가요?"
    → 자산이 아니라 사업체 운영에 가까운지 설명

2. "장기 공실 계획 시, 임대 마케팅 비용 여유는 있으신가요?"
    → 공실 전환 시 대응 전략 유무 확인

3. "이 건물의 수익률은 실제 운영 후에도 유지 가능할 것 같으신가요?"
    → 초기 수치와 실현 수익의 차이 경고

> **김명식의 실전 정리**
> - 꼬마빌딩은 수익형이 아니라 '관리형' 자산이다.
> - 가장 흔한 실패는 공실, 관리, 리모델링 투자 실패
> - 공인중개사는 단순 수익률 제시보다 '이 건물은 왜 꾸준히 수익을 내기 어려운가'를 설명할 줄 알아야 한다.
> - 고객에게 건물 운영을 맡기는 것이 아니라, 건물 리스크까지 함께 보여줘야 신뢰를 만든다.

"건물은 땅에 박혀 있어도, 수익은 매일 움직인다.
꼬마빌딩은 사는 순간이 아니라, 운영이 시작되는 순간부터 진짜다."

권리금의 모든 것

(현재는 행정사법 관련으로
권리금 계약서 작성 금지)

모든 상가 공인중개사는 결국
'권리금' 앞에서 실력을
평가받는다

25
권리금이란 정확히 무엇인가요?

"여기 권리금이 2천이라는데, 사장님… 도대체 그게 뭔가요?"

이 질문에 정확하게 답하지 못하면, 계약이 아니라 불신이 생긴다.

권리금, 처음에는 '감'으로만 알았다. 내가 처음 상가 중개를 시작했을 때, 권리금을 그냥 '가게 넘기면서 받는 돈' 정도로 생각했다. 어느 날, 점포를 보러 온 젊은 부부가 이렇게 물었다.

"사장님, 권리금 2천이면 그 안에 뭐가 있는 거예요?"
"인테리어가 오래됐고, 손님도 별로 없어 보이는데요?"

그때 나는 머뭇거리며 대답했다.

"글쎄요… 그냥 이 동네 시세가 그 정도라서…."

결국 그들은 돌아섰고, 나는 그날 처음으로 '권리금은 설명할 수 있어야 한다'라는 것을 깨달았다.

권리금은 '자리의 가격'이 아니라 '시간과 가능성에 대한 대가'다. 내가 생각하는 권리금은 이런 것이다. 지금까지 장사를 하며 쌓아온 자리, 장비, 단골, 동선, 공사, 인허가, 노하우… 이 모든 것을 한꺼번에 넘기는 가격이다.

그것을 사는 사람은 돈을 주고 그 시간과 시행착오를 줄이는 것이다.

'권리금은 4가지 가치를 합친 금액'이다

항목	설명
① 시설비	직접 공사하면 3,000만 원이 들 것을, 기존 것을 그대로 쓰면 1,000만 원으로 끝남.
② 입지 프리미엄	비어 있는 자리보다 '이 자리'가 장사가 잘되는 이유가 있음.
③ 영업 기반	리뷰, SNS, 단골, 메뉴 구조, 브랜드는 돈으로만 만들 수 없는 것들임.
④ 시간 단축	준비에 3~6개월 걸릴 수 있는데, 권리금만 주면 당장 오픈 가능함.

공인중개사가 권리금을 설명할 때 가장 중요한 자세

그냥 "시세가 이래요"로는 안 된다.

"가게 주인이 부른 거예요"라고 넘기면 → 공인중개사가 모른다는 뜻밖에 안 된다.

'왜 그만큼의 가치가 있다고 판단했는지' 근거 있게, 구조로, 스토리로 설명해야 한다.

> **상담 멘트 예시 ▶**
>
> "이 권리금은 단순한 '자릿값'이 아닙니다. 기존 점포가 갖춰 놓은 시설, 유입 동선, 동네 단골, 그리고 지금 바로 영업 가능한 구조까지 모두 포함된 구조예요. 장사 처음 하시는 분에게는 시행착오를 줄이는 게 가장 큰 자산이거든요."

권리금은 '돈'이 아니라 '준비된 무대'다. 내가 매물 하나를 소개할 때, 가장 먼저 하는 것은 권리금을 '금액'으로 말하는 게 아니다. '이 권리금에는 어떤 가치가 있는지'를 풀어주는 것이다. 고객이 이해하면 계약은 따라온다. 고객이 납득하지 못 하면 가격은 아무 의미가 없다.

> **김명식의 실전 정리**
>
> - 권리금은 돈이 아니라 시간과 시행착오의 대가다.
> - 공인중개사는 금액을 전달하는 사람이 아니라, 가치를 해석해주는 전문가가 되어야 한다.
> - '왜 이 자리에, 이 금액이, 이 조건으로 권리금이 형성됐는지' 스토리로 풀어줘야 신뢰가 생긴다.
> - 권리금의 본질을 이해하면 공인중개사는 '가격을 부르는 사람'이 아니라 '가치를 연결하는 사람'이 된다.

"권리금은 설명하지 못하면 사라지고, 설명할 수 있으면 가치가 된다. 이 문장 하나가 당신의 계약 성사율을 바꾼다."

26
시설권리금과 영업권리금은 어떻게 구분하나요?

"사장님, 권리금이 3천이라는데 그게 다 시설값인가요? 아니면 장사 잘되는 값인가요?"

이 질문 하나에 공인중개사의 실력이 다 드러난다. 이 둘을 헷갈리면 계약도 책임도 엉킨다.

처음에는 둘에 대해 뭉뚱그려 말했었다. 한번은 카페 매장을 소개하다가 고객이 권리금 내역을 묻자, 나는 이렇게 대답했다.

"그냥 권리금 3천이에요. 안에 커피 머신 있고, 인테리어가 잘되어 돼 있고… 뭐 그런 거예요."

그러자 고객이 이렇게 되물었다.

"근데 이 집 요즘 손님 없던데요? 리뷰도 없고, 인스타그램도 안 해요. 장사도 안되는데 권리금이 왜 이렇게 비싸죠?"

그 순간 나는 깨달았다.

'아, 내가 지금 시설만 보고 영업가치를 설명하고 있구나.'

권리금의 구조는 '겉'과 '속'으로 나뉜다

- 시설권리금 : 눈에 보이는 것(설비, 인테리어, 집기 등)
- 영업권리금 : 눈에 안 보이는 것(단골, 매출, 브랜드, 입지 노하우)

시설권리금이란? '이 자리에서 장사할 수 있게 만든 '물리적 기반'의 가치'

구성 요소	예시
인테리어 비용	천장 조명, 몰딩, 도장, 바닥 공사
설비	냉난방기, 환풍기, 싱크대, 쇼케이스, 테이블
장비	커피 머신, POS, 주방 집기, 간판

상담 멘트 예시 ▶

"이 가게만 단독으로 설치한 환풍 구조와 이전할 수 없는 고정 시설들까지 포함된 금액입니다."

영업권리금이란? '이 자리에서 장사하며 쌓은 '시장 기반'의 가치'

구성 요소	예시
고객 유입	동네 단골, 리뷰 평점, SNS 유입 경로
상권 동선	도보 유입이 몰리는 구조, 눈에 띄는 자리
브랜드 자산	블로그 후기, 배달앱 등재, 메뉴 완성도
시간 가치	오픈 준비 기간 단축, 인허가 통과 이력

상담 멘트 예시 ▶

"시설이 아니라, 이 가게가 지금까지 장사를 하면서 만들어 놓은 자리와 고객, 브랜드, 경험까지 포함된 가치입니다."

두 권리금의 실전 차이, 이렇게 설명하자!

구분	시설권리금	영업권리금
판단 기준	물리적 상태	매출, 리뷰, 단골
사라지는 시점	철거 시 0원	손님 끊기면 0원
조율 가능성	철거 or 교체로 환산 가능	감정적 협상 불가
공인중개사의 리스크	시설가치 과대포장 주의	영업근거 없는 허위 설명 주의

현장에서 자주 듣는 말, 이렇게 다르게 대응하자!

"인테리어만 봐도 3천은 나오겠네요."

"시설로는 약 1,500만 원 정도고, 나머지는 영업기반, 예를 들어 인스타그램 팔로워, 리뷰, 단골 등의 가치입니다."

"장사도 안된다면서 왜 권리금이 있죠?"

"지금 손님이 적더라도, 동선 구조나 업종 교체 가능성이 있어 '자리'에 대한 가치가 남아 있습니다."

> **김명식의 실전 정리**
> - 권리금은 눈에 보이는 시설 + 눈에 안 보이는 시장 기반이 합쳐진 금액이다.
> - 시설권리금은 철거와 교체가 기준, 영업권리금은 입증된 성과가 기준이다.
> - 설명 시 반드시 분리해서 말해야 계약 후 책임이 명확하고, 고객 신뢰도 높아진다.
> - 공인중개사는 가게의 외형이 아닌, 내면 가치까지 읽을 수 있어야 한다.

"시설은 보여주면 되지만, 영업은 설명할 수 있어야 한다. 두 권리금 사이를 구분하는 순간, 당신의 중개는 '전문 영역'으로 올라간다."

27 권리금이 오가는 방식에는 어떤 것들이 있나요?

"권리금은 어떻게 주고받아요? 계약서에 쓰고, 계좌로 주면 끝인가요?"

이 질문에 쉽게 답하면, 계약은 쉬워도 책임은 무겁다.

처음 했던 큰 실수는 "그냥 알아서 하세요"라고 했던 것이다. 중개 초창기 시절, 권리금 1,000만 원짜리 계약을 진행하던 중 양도인과 양수인 둘 다 이렇게 말했다.

"그냥 현금으로 주고받을게요. 따로 쓰는 건 없죠?"

나는 무심코 "네, 두 분이 알아서 하시면 됩니다"라고 했다. 그런데, 명도 직전 문제가 생겼다.

양수인 : "'명도 조건이랑 다르다." (환불 요구)
양도인 : "이미 현금 받았으니 못 돌려준다."
나 : "제가 책임질 수는 없지만…."

결국, 나는 권리금 책임 여부로 한동안 많은 스트레스를 받았다.

그때 나는 배웠다. 권리금의 방식은 단순히 주고받는 돈이 아니라, 그 '과정' 전체가 계약의 일부라는 것을.

권리금이 실제로 오가는 방식은 이렇게 나뉜다

1. 계좌이체 + 계약서 기재형

→ 가장 안전하고 일반적인 방식

항목	설명
구조	권리금 계약서 작성 → 계좌이체 → 이체확인서 보관
장점	흔들림 없는 증거 확보 가능(세무·법률 분쟁 대비)
단점	양도인이 세금 문제로 기피하는 경우가 있음.

▶ 특약 예시 ▶

"권리금 금액은 2,000만 원이며, 20xx년 x월 x일 홍길동 명의 계좌(농협 123-456-789)로 이체함. 본 금액은 명도 완료 및 계약 이행을 조건으로 함."

2. 현금 지급형 + 별도 확인서 작성

→ 실무에서 아직도 자주 발생

항목	설명
구조	계약서에는 권리금 미기재 → 별도 '양도금 수령 확인서' 작성
장점	양도인의 세무 노출 방지, 현금 유통 선호 시 용이
단점	분쟁 시 법적 증거 미비, 책임 소재 불명확
→ 공인중개사 책임 전가 가능성 높음	

실무 팁

→ 반드시 중개인 입회하에 권리금 수령 확인서 작성 + 서명/날인 + 신분증 복사

3. 계약금·중도금·잔금 분할 지급형(명도 조건형)

→ 권리금이 큰 경우 자주 사용하는 방식

항목	설명
구조	계약금(10~20%) → 중도금(명도 약속) → 잔금(실제 명도 후 지급)
장점	명도 확정 전까지 리스크 분산
→ 양수인 보호	
단점	양도인 측에서 "돈 늦게 받는다"라며 협의 난항 가능

특약 예시

"계약금 200만 원은 계약 당일 지급, 중도금 500만 원은 명도 전날 지급, 잔금 1,300만 원은 명도 완료 후 지급함."

4. 임대차 계약 조건과 연계된 권리금 구조

임대인 개입이 전제되는 경우,
임대차계약 완료 → 권리금 지급 구조 설정

항목	설명
구조	"임대차계약서 체결 완료 시 권리금 지급" 등 조건부 지급
장점	임대인 동의 여부와 연계되어, 계약 진행 시점 명확
단점	임대인 거절 시 → 계약 무산 + 권리금 반환 분쟁 발생

5. 공인중개사가 권리금 지급 방식에서 해야 할 일(현재는 행정사법 관련으로 작성금지)

- 돈을 대신 받거나 전달하지 않는다.
  → 현금 보관, 계좌 대리수령은 위법 + 민형사 책임
- 계약서 or 확인서에 권리금 지급 구조를 반드시 문장으로 남긴다.
  → "알아서 했어요"는 계약 파기 시 누구도 보호하지 못함
- 특약 조항에 '지급일, 금액, 지급 조건, 반환 조건'을 반드시 포함한다.
  → 실수 하나가 수백만 원 분쟁으로 번짐

> **김명식의 실전 정리**
> - 권리금은 계약이 아니라 돈이기 때문에, 주고받는 '순간'보다 '과정' 전체가 중요하다.
> - 지급 방식은 이체냐, 현금이냐가 핵심이 아니라 계약서로 남겼냐, 안 남겼냐가 관건이다.
> - 공인중개사는 "그냥 하세요"가 아니라 "이렇게 하셔야 합니다"라고 안내하는 설계자여야 한다.
> - 책임은 '권리금 액수'가 아니라, 설명과 문장의 유무에서 갈린다.

"권리금은 누가 받았느냐보다 어떻게 받았느냐가 더 중요하다. 계약을 만들 때는 돈이 흐르고, 책임은 그 흐름을 설계한 사람에게 간다."

28 권리금은 반드시 계약서에 써야 하나요?

"권리금은 계약서에 꼭 써야 하나요? 둘이 주고받으면 되는 거 아닌가요?"

이렇게 생각하면, 계약은 빨리 끝날 수 있지만, 분쟁은 더 빨리 온다.

한때는 권리금을 '계약 외의 일'로 생각했다 초기 중개 때, 양도인과 양수인이 이렇게 말했다.

"그냥 권리금은 우리끼리 주고받을게요. 계약서에는 안 써도 되죠?"

그 말이 편해서 "네"라고 했다. 그런데 며칠 후, 양수인이 명도 직전에 말을 바꿨다.

"저 명도 안 받을래요. 가게가 마음에 안 들어요. 권리금 돌려주세요."

양도인은 "이미 받았으니 돌려줄 수 없다"라고 했고, 분쟁이 터졌다. 그리고 그 불똥은 '권리금 설계 없이 계약을 진행한 공인중개사'인 나에게도 튀었다.

그 사건 이후, 나는 이렇게 정리했다.

"권리금은 돈이지만, 돈이 오가는 순간부터 계약의 일부다."

계약서에 권리금을 써야 하는 이유는 '3가지'다

1. 책임 주체가 명확해진다

계약서에 권리금이 명시되어 있지 않으면
→ 누가, 언제, 왜 줬는지 입증 불가능
→ 명도 실패, 계약 파기 시 환불 책임 공방 발생

특약 예시 ▶

"본 계약은 권리금 2,000만 원 수령을 포함하며, 이는 양수인의 입점 권리 및 인테리어, 영업 기반 가치를 반영한 금액임

2. 분쟁 발생 시 보호 장치가 된다

세금, 이체 증명, 중도 포기 등 → '계약서상 명시 여부'가 공인중개

사 책임 회피 여부에 결정적

> **실무 팁**
> → 권리금 문구를 명시할 때는 금액, 지급 방식, 지급 조건, 환불 조건까지 포함하는 것이 원칙

3. 계약서에 안 쓰면, 그 순간부터 공인중개사는 '모른 척한 사람'이 된다.

계약서에 권리금이 없다는 것은
→ 법적으로는 '없는 돈' 취급
→ 나중에 '공인중개사가 알면서도 방치했다'라는 책임 주장에 노출됨

'세금 때문에 안 쓰겠다는 사람'이 있다면?

많이 듣는 말 : "계약서에 쓰면 세무서에 걸리니까 그냥 안 쓸게요."
이럴 때 공인중개사는 이렇게 대응해야 한다.

- 공인중개사의 역할은 세금 계산이 아니라, 분쟁 방지 문장 설계다.
- 권리금이 법적으로 불법이 아니라면, '기재 안 한 책임'이 더 위험하다.
- 쓰기 싫어도, '권리금 존재 사실은 양 당사자가 모두 알고 있으며, 중개인은 이에 관여하지 않는다'라는 문구라도 명시해야 한다.

현실적으로는 다음과 같은 대응이 가장 안전하다.

권리금 기재 유형	설명	리스크
정식 기재 + 특약 작성	권리금 금액 + 지급 방식 + 명도 조건	가장 안정적
계약서 미기재 + 별도 확인서	'양도금 수령 확인서' 별도 작성	분쟁 시 불완전함.
완전 미기재	계약서·확인서 모두 없음.	공인중개사도 법적 책임 대상 가능성 ↑

김명식의 실전 정리

- 권리금은 계약서에 써야 안전하다.
- 금액을 떠나서, 권리금이 존재한다면 계약 구조 안에서 문장으로 남겨야 한다.
- 공인중개사의 책임은 몰랐다고 해서 사라지지 않는다.
- '알고도 묵인한 계약'이 나중에는 공인중개사의 자격을 흔들 수 있다.

"계약서에 권리금을 안 쓰는 건 간단하지만, 나중에 문제가 생기면 '쓴 줄 알았다'라는 말이 통하지 않는다. 기록이 공인중개사를 지킨다."

29
권리금이 비싸서
계약을 포기하려 할 때
어떻게 조율하나요?

"권리금이 너무 비싼데요? 이 돈이면 다른 데 새로 여는 게 낫죠."

이 말 한 마디에 계약이 끊기고, 공인중개사는 설득자에서 방관자가 된다.

나도 이 말을 듣고 계약을 놓친 적이 있다. 카페 양도 건이었다. 시설도 깔끔했고, 인테리어도 나쁘지 않았다. 하지만 권리금 3,000만 원을 듣자마자 매수자가 말했다.

"저 돈이면 그냥 비어 있는 점포에 새로 차리죠."
"장사도 안되는 데 왜 그렇게 비싸요?"

나는 당황해서 말했다.

"음… 인테리어 값도 있고, 그동안 운영한 것도 있고….."

결국 계약은 불발됐다. 양도인은 나에게 실망했고, 나는 그날 이렇게 메모했다.

"권리금은 금액이 아니라 '납득의 기술'이다."

권리금 가격 저항, 실전에서 이렇게 조율하라

1. '가격'이 아니라 '구성'으로 바꿔 말하라!

"3,000만 원입니다."

"시설비만 1,500만 원, 입지 프리미엄 1,000만 원, 시간 단축 비용 500만 원입니다."

▶ 상담 멘트 예시 ▶

"단순히 '돈'으로 보시면 비싸게 느껴지지만, 지금 당장 영업 가능한 상태라는 것은 공사 기간, 인허가 스트레스, 손님 끌기까지 다 줄이는 가치입니다."

2. 비교 대상 프레임을 유도하라

"새 점포는 더 싸지 않나요?"

"그럼 공실 점포에 공사비 + 시간 + 실패 리스크를 모두 부담해야 하죠."

항목	권리금 점포	공실 점포
입점 가능 시점	계약 직후 1주 내	1~2개월 소요
초기 투자금	권리금 + 소액 리모델링	시설비 전액
단골 기반	바로 확보	없음.
실패 위험	현 운영 검증됨.	미지수

3. '조건부 할인' 프레임으로 협상 여지 만들기

"지금 바로 확정하시면 300만 원은 조정 가능할 수 있습니다."

"잔금 당겨주시면, 일부 금액은 조율해보겠습니다."

→ 즉시성 + 확정성 + 신뢰가 생기면 양도인도 유연해진다.

 주의

→ 권리금은 절대 '깎는' 것이 아니라 '구성과 타이밍에 따라 조정하는 것'으로 말해야 한다.

4. 매수자에게만 설명하지 말고, 양도인에게도 '현실적 가격대' 피드백을 줘야 한다.

"최근 동일 업종, 비슷한 입지에서 권리금이 2,000~2,500만 원 수준입니다. 지금 수준에서는 다소 부담을 느끼는 반응이 많습니다."

→ 양도인은 '안 팔리는 권리금'이 가장 큰 손해라는 것을 인식해야 한다.

5. '싼 것보다 납득되는 것'을 팔아야 한다. 고객은 결국 비싸도 납득되면 돈을 쓴다. 공인중개사는 가격이 아니라 이유를 파는 사람이다.

김명식의 실전 정리

- 권리금 협상의 핵심은 금액을 깎는 것이 아니라 구성과 맥락을 재구성하는 것이다.
- 공인중개사는 '값을 부르는 사람'이 아니라 '가치를 설명하는 사람'이 되어야 한다.
- 매수인에게는 '왜 이 권리금이 타당한가'를, 양도인에게는 '왜 이 금액에서 팔리기 어려운가'를 말할 수 있어야 한다.
- 계약은 돈에서 끝나는 것이 아니라, 신뢰에서 시작된다.

"권리금이 비싸서 계약이 안 되는 것이 아니다. 이해되지 않아서, 설명되지 않아서, '그럴 듯하지 않아서' 안 되는 것이다."

매매 중개의 포인트 2

업종에 따라 중개 방식도 달라진다
- 공간이 아니라 '사업'을 이해하라

일반음식점 중개 시 가장 먼저 체크할 사항은?

"사장님, 여기에서 식당 가능한가요?"

이 질문에 "네, 가능하죠"라고 대답했다면, 이미 실수는 시작된 것이다.

한때는 "음식점이요? 당연히 되죠"라고 말했다. 매물을 보러 온 손님이 말했다.

"이 자리 음식점 하려고요. 딱 좋아 보여요."

나는 물도 안 틀어보고 대답했다.

"네, 얼마든지 가능합니다."

그런데 며칠 뒤, 계약 직전에 인허가 문제로 뒤집어졌다. 정화조가 없었고, 소방설비도 기준 미달, 환기 덕트는 상가 뒤편에 막혀 있었다.

결국 손님은 계약을 철회했고, 나는 양쪽 모두에게 "공인중개사가 확인도 안 하고 소개했다"라는 말을 들었다.

그날 이후, 나는 '일반음식점'을 중개할 때 항상 이 4가지부터 확인하고 설명한다.

일반음식점 중개 시, 반드시 확인해야 할 4가지

1. 정화조 유무와 위치

- 음식점은 기름기와 음식물이 배출되기 때문에 정화조가 필수다.
- 건물에 정화조가 없으면 음식점 허가 자체가 안 나거나 임차인이 비용을 부담해야 할 수도 있다.

> **실무 팁 ▶**
>
> "정화조 설치 여부와 관리 주체는 사전에 건물주 또는 관리사무소를 통해 확인해 두세요."

2. 환기 설비 구조

- 음식점에서 가장 중요한 것은 냄새를 처리하는 덕트가 어디로 연결되어 있는지, 연결된 배출구가 다른 세대 민원에 노출되지 않는지

체크하는 것이다.

> **실무 팁** ▶
>
> 덕트 출구가 옆 건물 벽, 주거지 뒤편일 경우 소송으로 이어질 가능성 있음

3. 소방 기준 충족 여부

- 소화기, 감지기, 비상조명등, 피난구 등이 법령에 따라 갖춰져 있어야 영업 신고 가능
- 특히 '화기 조리' 업종은 소방서 현장실사에서 불통될 수 있음

> **체크리스트 항목** ▶
>
> ☐ 유도등 위치
> ☐ 조리장 감지기
> ☐ 주방 후드 화재차단기 유무

4. 배수와 전기 용량

- 음식점은 물 사용량과 전기 사용량이 많음
  → 기존 배관이 좁거나, 전기 인입량이 부족하면 수백만 원의 추가 공사비 발생

> **실무 팁** ▶
>
> "기존에 음식점이 운영되던 점포인지 확인하는 것만으로도 공사 리스크를 절반 이상 줄일 수 있습니다."

김명식의 실전 정리

- 음식점은 누구나 도전하지만, 공인중개사가 기본을 모르고 소개하면 가장 쉽게 분쟁이 나는 업종이다.
- 기본 4가지 항목을 사전에 확인해서 설명하는 순간, 공인중개사는 '물건만 보여주는 사람'이 아니라 '사업 파트너'로 인식된다.
- 계약 성사율은 설득력보다 확인력이 만든다.

"음식점 중개는 화려한 인테리어보다 눈에 안 보이는 정화조와 덕트부터 보는 사람이 이긴다."

31. 카페와 베이커리 매장은 무엇이 가장 중요한가요?

"이 자리 분위기 좋죠? 카페 하기에 딱이에요."

하지만 전기용량도 안 되고, 창도 북향이라면 인스타그램 감성은커녕, 커피도 못 내린다.

나도 분위기만 보고 소개했다가 실패한 적이 있다.

"햇살 잘 들어오고, 나무 데크도 있고, 분위기 끝내줍니다."

나는 그렇게 매장을 소개했다. 카페 예비 창업자는 현장에서 바로 계약하고 싶어 했다. 그런데 정작 카페 본사에서는 이렇게 말했다.

"여기 전기 용량 부족해서 머신 못 돌려요. 창 방향도 북향이라 오전에는 어두워요."

결국 계약은 파기, 고객은 실망, 나는 '감성만 보고 실무는 놓친 공인중개사'가 됐다.

그 사건 이후, 나는 카페나 베이커리 매장을 중개할 때 무조건 이 5가지부터 확인한다.

카페·베이커리 매장에서 가장 중요한 5가지

1. 전기 용량 – 머신이 멈추면 사업도 멈춘다

- 에스프레소 머신 1대 : 3~5kW
- 오븐, 제빵기, 온수기까지 더하면 15kW 이상 필요
- 구형 건물은 5kW 이하 계약이 기본인 경우가 많음

> **핵심 포인트** ▶

계약 전 반드시 한전(123번) 전기사용량 확인서 요청 또는 전기차단기 앰페어(전류량) 직접 확인 필수

2. 창의 방향과 크기 – '햇살 카페'는 방향에서 결정된다

- 남향 or 남서향 창이 베스트
- 북향은 겨울철 채광 부족, 동향은 오전만 밝고 오후엔 침침함

> **실무 팁** ▶

"카페는 햇빛이 들어오는 장소라는 생각으로 창 방향부터 체크하세요."

3. 전면 노출 & 가시성 – 감성보다 '발견성'

카페는 '찾는' 공간이 아니라 '발견되는' 공간
보행 동선과 시야 선상에 있는가가 가장 중요

실전 사계 ▶

안쪽 상가보다 도로와 눈높이가 맞는 자리에서 동일 카페 매출이 3배 이상 차이 난 사례

4. 수도/배수/세면대 위치 – 음료 사업은 물이다

카페는 물 사용량이 많고 세척 공간도 중요
물 내리는 배관 경사, 주방-홀 간 수도 위치 거리 → 공사비 수백만 원 차이

상담 멘트 예시 ▶

"여기 세면대가 멀고, 싱크대 설치 자리가 애매해서 물 동선이 비효율적입니다. 장기적으로는 직원 피로도가 높을 수 있어요."

5. 입지에 따른 브랜드 적합성

입지 유형	추천 브랜드
사무실 밀집지	테이크아웃 위주(이디야, 컴포즈 등)
주택가·주말형 상권	디저트, 베이커리 복합형
역세권·대형도로변	브랜드 커피 전문점(스타벅스, 투썸 등)
골목상권·감성상권	개인 감성 카페, SNS 특화점

김명식의 실전 정리

- 카페는 분위기보다 전기와 물, 베이커리는 냄새보다 동선과 배관이 먼저다.
- 입지는 '예쁜 자리'보다 고객의 이동 경로에 노출된 자리가 중요하다.
- 감성 업종일수록 하드웨어 기반이 명확해야 장사가 산다.
- 공인중개사는 메뉴가 아니라, 설비를 해석할 줄 아는 사람이어야 한다.

"카페는 햇빛으로 고객을 끌고, 전기용량으로 장비를 돌린다. 예쁜 자리보다 되는 구조를 보는 눈, 그것이 공인중개사의 경쟁력이다."

32 무인 아이스크림/편의점 매장은 어떻게 분석해야 하나요?

"사장님, 여기에 무인 아이스크림 가게가 들어온대요."

무인이니까 '그냥 아무 데나 들어갈 수 있겠지'라고 생각했다면, 이미 공인중개사로서 실패한 출발이다.

처음에는 '사람이 없으니까 어디든 되겠지'라고 생각했다.

20평 상가 공실에 한 청년이 무인 편의점을 열겠다고 했다. 나는 '사람 안 쓰니까 운영비도 절감되니 수익성 높음'이라고 생각하고 바로 계약을 중개했다.

그런데 한 달도 안 되어서 민원이 쏟아졌다.

• 24시간 조명 민원

- 새벽 출입객에 의한 소음 민원
- 주변 편의점 거리제한 위반으로 법적 철거 요청까지 접수

그제야 나는 깨달았다.

'무인'은 운영자만 없을 뿐, 관리가 더 철저해야 되는 업종이다.

무인 아이스크림/편의점 중개 시 확인할 핵심 5가지

1. 거리제한 – 특히 편의점은 '근접 출점 금지' 룰이 있다

- 편의점 본사마다 거리제한 있음(보통 반경 50~100m)
- 무인 점포라도 근거리 편의점과 겹치면 본사 허가 거절됨

> **실무 팁** ▶
> 지도상에서 반경을 직접 체크하고, 인근 가맹점 본사에 '출점 가능 거리 확인' 요청 필요

2. CCTV 사각지대 & 도난 리스크

- 무인점포의 핵심은 감시 시스템
- 점포 내 '사각구역'이 존재하면 범죄 발생 가능성 증가

> **체크리스트 항목** ▶

☐ 출입구 방향
☐ 코너 음영 구간
☐ 야간 조도 수준

3. 주택가 밀집 지역은 소음 민원 위험

밤 10시 이후 출입 소리, 냉동기계 작동음, 차량 시동 소리
→ 주거지 밀집지에서는 공동주택법상 민원 우려

> **실무 팁** ▶

"무인점포라도 24시간 운영은 '허용'이 아니라 '환경 여건에 따라 제한될 수 있는 구조'입니다."

4. 냉동기기·POS 장비 전기용량 확인 필수

아이스크림 점포 기준 : 냉동고 2~3대, 온장고, POS, CCTV
→ 계약 전 한전(123번)에서 전기사용량 확인 또는 전기차단기 앰페어 점검

> **전력량 기준 예시** ▶

기본 5kW 이상 확보 필요(4kW 이하 구형 건물 불가)

5. 24시간 점포일수록 상가 내 입지 위치가 중요

위치	평가
정면 출입구 부근	◎ 도난방지, 접근성 우수
상가 내부 코너	△ CCTV 사각지대, 동선 불량
지하·2층 이상	× 접근률 극단적으로 낮음(배달 창고용만 가능).

김명식의 실전 정리

- 무인점포는 단순한 자동화 가게가 아니라 '설비 기반 + 범죄예방 + 입지 전략'이 복합된 고난도 업종이다.
- 특히 '24시간 운영 = 어디든 된다'라는 오해는 공인중개사의 책임을 키우는 지름길이 된다.
- 공인중개사는 시설을 보는 것이 아니라 위험을 미리 읽고, 입지 구조를 해석하는 전문가여야 한다.

"무인점포는 운영자는 없지만, 공인중개사가 더 신경 써야 하는 가게다. 사람이 없다고 해서 책임까지 없는 것은 아니다."

미용실이나 네일샵 중개할 때 놓치기 쉬운 포인트는?

"사장님, 이 자리 분위기 괜찮죠? 미용실 하면 잘되겠네요."

이렇게 말한 뒤에 채광, 수도 위치, 전기용량을 안 봤다면 이미 실패의 씨앗은 심어진 것이다.

미용실을 중개하고 배운 가장 큰 교훈은 '예쁜 공간이 아니라, 사람이 오래 머물 수 있는 구조인가?'였다.

어느 날, 인테리어가 잘된 공실 매물을 미용실 창업자에게 소개했다. 전체 분위기, 입지, 접근성 모두 좋았다. 계약도 성사 직전까지 갔지만, 현장 점검을 나온 미용사가 한마디 했다.

"사장님, 물이 너무 멀어요. 그리고 콘센트도 여기엔 안 맞아요. 햇빛도 안 들어오고요."

결국 계약은 철회됐고, 나에게는 '분위기만 보는 공인중개사'라는 낙인이 찍혔다. 그 이후 나는 미용실·네일샵 중개할 때 이 5가지만큼은 무조건 체크하고 들어간다.

미용실·네일샵 중개 시 반드시 확인해야 할 5가지

1. 수도 위치와 급수 압력

- 샴푸대, 세면대, 손 세척대 → 물 사용 빈도 매우 높음
- 물이 멀거나 압력이 약하면 고객 응대와 작업 모두 불편

> **실무 팁**
>
> "세면대와 급수 위치가 홀 중앙과 너무 떨어져 있으면 공사비가 몇 백만 원까지 올라갈 수 있습니다."

2. 전기 콘센트 위치 + 전기 용량

- 드라이기, 열펌기, 젤램프, 소형 냉장고, 무선기기 충전 등 다중 콘센트 구간 필요
- 특히 열기기 중심의 전력 부하를 감당할 수 있어야 함

> **체크리스트 항목**
>
> ☐ 콘센트 수량 8구 이상
> ☐ 5kW 이상 계약 여부
> ☐ 누전차단기 상태

3. 채광과 조명 각도

- 미용실은 조명이 얼굴에 직접 비치지 않도록 설계되어야 함
- 북향 창은 광량 부족, 남향은 열기 문제

> **핵심 포인트** ▶

"이 매장은 조명 설치는 잘되어 있는데, 채광이 부족해서 메이크업룸용으로는 다소 불리할 수 있어요."

4. 바닥 배수 유무와 배관 구조

- 네일샵, 속눈썹샵의 경우에도 소량의 물을 정기적으로 버리는 배수 구조 필요
- 샴푸실은 바닥 배수 없이 운영 불가

> **실무 팁** ▶

"바닥에 트렌치 배수 또는 미니 드레인 설치 여부를 꼭 확인하세요."

5. 시야 개방성 + 외부 간판 노출도

- 고객 유입은 전적으로 외부 시인성과 시야 개방성에 의존
- 2층 이상이라면 건물 전면 간판 설치 여부가 실질 매출과 직결됨

> **상담 멘트 예시** ▶

"뷰티 업종은 내부보다 외부 시야와 간판 위치가 훨씬 중요합니다. 특히 출퇴근 시간대 시야 확보 여부는 반드시 체크하셔야 해요."

> **김명식의 실전 정리**
> - 미용실은 공간이 아니라 시선, 전기, 물, 소리, 조명으로 이뤄진 업종이다.
> - 예쁘게 생긴 상가라도 물이 멀거나 콘센트가 적으면 그건 못 쓰는 매장이다.
> - 공인중개사는 '보여주는 사람'이 아니라 '상업 설계자로서 공간을 해석할 줄 아는 사람'이어야 한다.
> - 업종별 공간 해석력이 생기는 순간, 계약도, 신뢰도, 수수료도 같이 따라온다.

"미용실 중개는 '예쁜 곳'을 찾는 게 아니라, '기능이 살아있는 공간'을 연결하는 일이다. 그걸 설명할 수 있어야 전문가다."

34. 병원이나 약국은 어떤 상가에 들어갈 수 있나요?

"여기 2층인데 병원 들어올 수 있나요?"

그냥 "네, 가능합니다"라고 대답하면 법령도 무시하고, 신뢰도도 잃는 공인중개사가 된다.

병원을 잘못 넣었다가 계약서까지 찢겼던 적이 있다.

한번은 3층 코너 상가에 내과 입점을 희망하는 원장이 있었다. 나는 환기가 잘되고, 엘리베이터도 있으니 괜찮겠다고 판단했다.

"문제 없을 겁니다. 시설도 좋고요."

하지만 행정절차를 밟던 중 문제가 생겼다. 해당 건물은 근린생활시설 2종, 내과는 1종 근생(의원)에서만 입점 가능한 업종이었다. 결국 허가 불가 판정을 받고, 계약은 파기, 보증금도 반려, 나는 "법도 모르고 내과 중개했냐?"라는 비난을 들었다.

병원·약국 중개 시 반드시 확인해야 할 5가지 포인트

1. 용도지역과 건축물 용도(근생 1종 vs 2종 vs 업무시설)

- 병원은 근린생활시설 1종(의원) 또는 의료시설이어야 가능
- 약국은 의원과 연계 시 건축물 용도와 위치 요건 충족 필수

실무 팁 ▶

건축물대장에 명시된 '용도' 확인은 계약 전 필수

2. 층수와 접근성(엘리베이터, 피난시설 등)

- 의료기관은 장애인·노약자 접근성을 고려해야 함
  → 엘리베이터 유무, 피난구 유무, 주차장 진입 동선 확인

체크리스트 항목 ▶

☐ 엘리베이터 설치
☐ 외부 진입로 폭 1.5m 이상 확보
☐ 피난 계단 독립 여부

3. 병원 종류에 따른 입점 제한(의원, 병원, 종합병원)

유형	설명	입점 조건
의원(치과·한의원 포함)	일반 개인 진료소	근생 1종, 의료시설 가능
병원	입원실 30개 이상	일반 상가 입점 불가
약국	의원 근처(50m 이내 권장)	입지 규제 無, 연결성 중요

> **상담 멘트 예시** ▶

"여기는 의원(소규모 진료소)까지는 허가 가능하지만, 병원급 이상의 규모는 불가능합니다."

4. 동일 건물 내 병원 중복 여부

- 건물 내 동일 진료과목 병원이 이미 입점해 있을 경우 임대인의 내부 조정이 불가하거나, 특정 병원과의 출점 계약에 따라 제한이 생길 수 있음

> **상담 멘트 예시** ▶

"이 건물에는 이미 정형외과가 있어서, 같은 과목 입점은 임대인이 원치 않을 수 있습니다."

5. 인근 약국과 병원의 관계 구조

- 약국은 의원이 있어야 매출이 발생
  → 의원과 약국이 상가 내 입구를 공유하거나, 층계를 공유하면 접근성·고객 동선이 자연스럽게 연결되어야 한다.

> **실무 팁**

"약국과 병원은 물리적 거리보다 '심리적 동선'이 더 중요합니다."

김명식의 실전 정리

- 병원은 그냥 들어오는 것이 아니다. 용도 + 층수 + 접근성 + 허가기준을 통과해야만 들어올 수 있다.
- 약국은 의원과의 거리·동선 구조가 매출에 절대적이다.
- 공인중개사는 병원과 약국을 '매물'이 아니라 '허가를 받게 도와주는 설계자'로 인식되어야 한다.
- 계약서보다 인허가 조건을 먼저 체크해야 계약 취소 없는 중개가 된다.

"병원은 건물이 선택하는 게 아니라, 법이 허락하는 상가만 받아준다. 공인중개사는 먼저 법의 구조를 보여줘야 한다."

35 학원·유치원은 일반 상가랑 똑같이 중개하면 안 되나요?

"이 자리 학원 하기 딱인데요."

건물 구조, 층수, 피난 계단, 주차장도 확인하지 않고 말했다면, 당신은 지금 위험한 중개를 하고 있는 것이다.

학원 입점 도중 인허가 불허로 계약 파기가 된 적이 있다.

지하 1층 상가에 영어학원 운영자가 입점 의사를 밝혔다. 나는 넓은 면적, 저렴한 임대료만 보고 말했다.

"이 정도면 학원으로 딱이죠. 시설만 조금 손보면 됩니다."

하지만 교육지원청 허가에서 '불가' 판정을 받았다.

- 지하층은 학원용 피난시설 기준 미달
- 화재감지기, 조명, 스프링클러, 소방통로 미비
- 환기시설 부족 → 폐쇄성 환경 불합격

결국 계약은 파기, 임차인과 임대인 모두 분노, 나는 "학원이 어디든 되는 줄 아냐?"라는 말을 들었다. 그리고 다시는 학원을 일반 상가처럼 소개하지 않기로 결심했다.

학원·유치원 중개 시 꼭 확인해야 할 5가지 핵심 조건

1. 피난 통로와 소방 기준 확인

항목	기준
피난 계단	독립 출입구 또는 2개 출입구 확보
스프링클러	일정 면적 이상이면 필수
소화기·감지기	필수 설치(소방점검 대상)

체크리스트 항목 ▶

☐ 피난구 2개 이상
☐ 화재감지기 설치 여부
☐ 비상조명등 유무
☐ 벽체 내연제 사용 여부

2. 교육청 인허가 구조 이해하기

- 학원 = 교육지원청 인가 필요(소규모라도 무조건)
- 인허가 서류는 교육장, 화장실, 강의실 도면 포함
  → 공인중개사가 직접 내는 것은 아니지만, 허용 가능 구조인지는 반드시 판단해야 한다.

3. 용도지역·용도지구 확인(교육환경보호구역 등)

학원은 가능하나 시간 제한·소음 제한 규정 적용

> **실무 팁** ▶

네이버 지도 교육시설 필터로 반경 200m 이내에 학교가 있는지 확인 후 안내

4. 채광, 화장실 분리 여부

- 학원은 아이들이 오래 머무는 공간
  → 자연 채광 확보, 남녀 화장실 분리 여부 중요

> **상담 멘트 예시** ▶

"여기는 층고가 낮고, 환기창이 없어서 학원 허가가 나더라도 영업환경이 불리할 수 있습니다."

김명식의 실전 정리

- 학원은 단순한 사무실 업종이 아니다.
  → 법적 기준 + 피난안전 + 소방인증까지 통과해야 진짜 계약이다.
- 유치원은 더 복잡하다.
  → 층수 제한, 단독 건물 여부, 위생기준까지 따라야 한다.
- 공인중개사는 시설만 보지 말고, "이 공간이 교육 인허가를 받을 수 있는 구조인가?"를 먼저 보라.
- 계약 성사보다 허가 실패 없는 중개가 신뢰를 만든다.

"학원 중개는 지식이 없으면 무조건 사고난다. 공간이 아니라 인허가 기준을 먼저 보는 눈, 그게 전문 공인중개사의 시작이다."

36
술집·호프집·포장마차는 어떤 규제가 있는지요?

"이 자리 유동도 좋고, 밤에 사람도 많아요. 술집 하면 잘될 것 같죠?"

이렇게 소개했다가 야간소음 민원이 터지면, 계약은 물론, 공인중개사의 평판도 끝난다.

술집을 '그냥 야시장 같은 느낌'으로 소개했다가 낭패를 본 적이 있다.

호프집을 하고 싶다는 30대 청년이 있었다. 위치는 주택가 골목, 인근엔 조용한 카페 몇 곳이 있었다. 나는 "밤 장사 괜찮을 거예요"라는 말로 계약을 성사시켰다.
그런데 개업 일주일 후, 민원이 빗발쳤다.

- 단독주택 주민들로부터의 소음 민원
- 화장실 공동사용 문제로 불편 신고
- 테라스 설치 시 인도 불법 점용 단속

결국 영업 중지 압박, 임차인 퇴점, 계약 파기로 나에게는 "공인중개사가 무지해서 일을 망쳤다"라는 비난이 돌아왔다.

술집·호프집·포장마차 중개 시 확인해야 할 5대 규제

1. 야간소음 민원 가능성

주택가 인접 상권은 밤 10시 이후 운영 시 민원 발생 빈도 높음
창문 개방형 구조, 야외 테라스, 골목형 입지는 더 위험

> **실무 팁** ▶

"이 지역은 밤 9시만 넘어도 주민 민원이 들어오는 곳입니다. 가게 구조와 상권 분위기를 먼저 반영해서 업종을 판단해야 합니다."

2. 건축물 용도 및 업종 제한

호프집, 주점, 유흥주점은 대부분 근린생활시설 2종 이상 필요
상가 관리규약에 '주류판매 업종 제한 조항'이 있는 경우도 있음

체크리스트 항목 ▶

☐ 건축물대장상 용도
☐ 관리단 규약(상가 입점 제한 여부)

3. 화장실 구조와 접근성

- 호프집은 손님 체류시간이 길어 공용화장실 이용 시 문제 발생
- 단독 화장실 없을 경우, 여성 손님 유입률↓ + 민원↑

실무 팁 ▶

"이 상가는 화장실이 지하에 있고 거리도 멀기 때문에 야간 매장으로는 불리합니다."

4. 야외 사용 가능 여부(테라스, 포장마차 등)

인도 위 설치는 도로법·건축법 위반으로 단속 대상

지자체별 불법 노점 단속 주기 상이(포장마차는 불법인 경우 多)

체크리스트 항목 ▶

☐ 테라스 설치 허용 여부
☐ 포장마차 상권이 자치구 조례로 허용된 지역인지

5. 소방법 및 피난 구조

불특정 다수 이용 + 취식 + 화기 사용

→ 감지기, 소화기, 유도등, 피난 계단 기준 반드시 확인 필요

체크리스트 항목 ▶

- ☐ 유도등 위치
- ☐ 스프링클러/감지기 설치 여부
- ☐ 화기 조리 구역 내 소화기 비치 상태

김명식의 실전 정리

- 술집은 단순한 유흥이 아니라 복합 민원 업종이다.
- 분위기보다 야간소음, 주차, 화장실, 조명 구조가 더 중요하다.
- 특히 주택지 인접 골목형 상가에 술집을 넣는 순간, 공인중개사는 계약 성공이 아니라 분쟁 유발자가 된다.
- 공인중개사는 "그냥 사람 많아 보인다"라는 말이 아니라 "야간 업종이 들어갈 수 있는 구조입니다"라는 설명이 가능한 사람이어야 한다.

"술집은 밤에 문을 열지만, 공인중개사는 낮부터 민원을 막을 수 있어야 한다. 설명하지 않은 공간이 아니라, 설계된 업종이 되어야 계약이 산다."

37 창업자와 경험자의 중개 접근법은 달라야 하나요?

"사장님, 배달전문점을 시작해보려고요" 이 말과 "예전 가게 하다 철수하고 다시 시작해요" 이 말은 완전히 다른 중개 방식이 필요하다는 신호다.

예전에 '경험자'를 '초보자처럼' 대했다가 망신당한 적이 있다. 중년 남성이 치킨전문점을 알아보러 왔다. 나는 전형적인 초보 창업자를 상담하듯이 말했다.

"이 상가는 유동 많고요, 가격도 착합니다. 이 근방에 치킨집이 별로 없어요."

그런데 그분은 냉정하게 이렇게 말했다.

"그건 공실이란 뜻이죠. 치킨집이 없다는 건 이 지역에서 그 업종이 안 됐다는 말입니다."

나는 순간, '경험자에게 초보처럼 말했다'라는 것을 깨달았고, 그날 이후 고객의 창업 레벨을 정확하게 판단하는 훈련을 시작했다.

창업자와 경험자, 중개 접근법이 다른 5가지 이유

1. 예산·리스크 감수도 차이

항목	창업자	경험자
예산 구조	소액 + 단기회수 중심	실투자금 명확 + 효율 중시
감수 성향	감정적 + 열정 우선	수익분석 + 손익기준 확실
중개 포인트	비용 구조 설계	수익 시뮬레이션 제공

> **실무 팁** ▶
>
> "창업자에게는 '작은 성공의 그림'을, 경험자에게는 '안정적 수익의 루틴'을 보여줘야 합니다."

2. 정보 처리방식의 차이

- 창업자는 상권보다 감성을 우선으로 본다.
  → "예뻐 보여서", "이런 콘셉트로 해보고 싶어요"
- 경험자는 데이터·회전율·배후지 분석을 더 중시

> **상담 멘트 예시** ▶

"사장님이 직접 운영하셨던 매장과 비교했을 때 이 동선, 회전률은 어떻게 느껴지세요?"

3. 공인중개사가 '말해야 할 것'과 '말하지 말아야 할 것'이 달라진다

- 창업자에게는 하나하나 설명이 필요
  → "정화조, 소방, 전기 이런 것도 아시나요?"
- 경험자에게는 지나친 설명은 오히려 실례
  → "기본 체크는 되셨을 테고, 몇 가지 리스크만 공유해드릴게요."

4. 공간의 해석 기준이 다르다

- 창업자는 '보이는 것'을 해석해준다.
  → "이 구조에서 손님 테이블 5개 이상 놓기 어려워요."
- 경험자는 '안 보이는 구조'를 설계한다.
  → "이 주방 동선이면 인건비 절감이 가능하겠네요."

5. 계약 결정 속도와 협상 스타일 차이

- 창업자는 "가족이랑 상의해볼게요." → 감정 기반
- 경험자는 "금액 조정되면 오늘 결정하죠." → 계산기 기반

> **실무 팁** ▶

"경험자에게는 조건 제안이 곧 계약 연결이지만, 초보에게는 '확신'을 만드는 시

간이 필요합니다."

김명식의 실전 정리

- 공인중개사는 고객을 먼저 판단해야 한다. "무슨 업종을 하실 건가요?"보다 "창업은 처음이세요?"가 먼저다.
- 창업자는 감정형, 경험자는 분석형 : 말하는 방식, 보여주는 공간, 제시하는 근거가 달라야 한다.
- 공인중개사는 '정보 제공자'가 아니라 '심리 조율자 + 전략 설계자'가 되어야 계약이 산다.
- 같은 매물이라도 누구에게 보여주느냐에 따라 제시 방식과 설득 방식이 달라져야 진짜 실력이다.

"고객이 처음인지, 경험자인지를 모르면 매물은 보여줄 수 있어도 계약은 못 잡는다. 고객을 먼저 중개하라. 그다음이 공간이다."

38. 편의점은 입지보다 '주변 거리제한'이 더 중요한가요?

"이 자리 골목 입구에 딱 좋아요. 편의점 하면 되겠죠?"

이렇게 말하고 인근에 이미 동일 브랜드 편의점이 하나 있다는 것을 놓쳤다면, 공인중개사 책임으로 계약이 날아간다.

'입지가 좋다'라고만 믿고 중개했다가 편의점 본사에서 퇴짜 맞은 경험이 있다. 학원가 옆 골목 초입 상가는 유동도 많고, 접근성도 좋아 보였다. 창업자가 "이 자리에 편의점을 하고 싶다"라고 하자 나는 바로 말했다.

"여기는 딱입니다. 편의점 하기엔 금상첨화예요."

하지만 본사 출점심사에서 불합격이었다. 반경 50m 이내 동일 브랜드 지점이 있었기 때문이다. 고객은 황당했고, 나는 "거리제한도 모르고 중개했냐?"라는 말까지 들었다.

그날 이후 나는 '편의점은 유동보다 거리'라는 원칙을 새겼다.

편의점 중개 시 반드시 체크해야 할 5가지 거리 조건

1. 반경 50~100m 이내 동일 브랜드 점포 확인

브랜드	기본 거리제한
GS25, CU, 세븐일레븐, 이마트24	최대 100m

→ 본사 정책상 동일 브랜드 점포 간 거리 충돌 시 입점 불허

실무 팁 ▶

지도 앱에서 직접 반경 측정 + 주변 브랜드 점포 직접 눈으로 확인

2. 타 브랜드 간 거리도 실질적 입점 결정에 영향

- 거리제한은 자율적 경쟁이지만, 주변에 브랜드가 많으면 본사에서 상권 포화로 판단해서 수익 시뮬레이션 자체가 통과되지 않음

실무 팁 ▶

"경쟁점이 많은 곳은 초기 월매출 예상 수치가 낮게 잡히기 때문에 본사 출점 승인이 떨어지지 않습니다."

3. 학교·병원 등 특수시설 반경 유무

- 초등학교 근처는 야간 운영 제한
- 병원 인근은 응급약 보유 기준 강화
  → 편의점은 단순 입지보다 규제 및 환경 분석이 핵심

4. 공실이라도 '전 위치가 편의점이었는지' 확인

- 이전에 편의점이었으면 배관·전기·POS 구조 유리
  → 본사 출점 승인도 빠름
- 하지만 '불황으로 철수한 자리'일 경우에는 역으로 부정적 평가가 붙음

> **실무 팁**

이전 업종이 무엇이었고, 철수 사유가 무엇인지 반드시 파악 필요

5. 입점 확정은 '본사 승인' 없이는 무효

- 계약서보다 앞서 프랜차이즈 출점 심사 결과가 먼저
- 본사와 연결된 공인중개사 파트너 여부도 중요

> **상담 멘트 예시**

"이 자리는 입지는 좋지만, 본사 거리 승인 없이 계약하시면 결국 점포만 잡고 본사에서 미승인이 날 수 있어요."

김명식의 실전 정리

- 편의점은 '좋아 보이는 자리'가 아니라 '들어올 수 있는 자리'가 중요한 업종이다.
- 거리제한은 단순한 규칙이 아니라 공인중개사의 실수 책임을 가르는 기준선이다.
- 계약을 성사시키려면 먼저 본사 승인 조건을 통과시켜야 한다.
- 편의점 중개는 정보보다 전략, 눈보다 지도와 거리, 감각보다 승인조건 해석이다.

"편의점은 유동보다 거리, 눈보다 반경, 좋아 보이는 것보다 본사가 '승인하는 자리'가 진짜다."

39 업종 제한이 있는 상가에 미등록 업종을 넣으면 어떻게 되나요?

"사장님, 뭐 어때요. 빈 데 쓰면 되죠."

이 말 한마디로 공인중개사도, 계약도, 임차인도 다 망할 수 있다. 업종 제한을 모르고 들어가면 법보다 빠르게 퇴거당한다.

'헬스장 들어오면 좋겠다'라고 단순히 생각했다가 관리단 민원으로 계약이 무산된 적이 있다. 오피스 복합상가 3층에 공실이 생겼고, 헬스장 창업자가 입점을 원했다. 나는 '운동시설도 근린생활시설이니까 되겠지' 하고 계약을 밀어붙였다.

하지만 한 달도 안 되어 문제가 터졌다.

- 상가 관리규약상 '소음·진동 유발 업종' 제한
- 같은 층 병원·피트니스 간 입점 협정 위반

- 관리단에서 입점 불허 및 소송 예고 통보

결국 계약은 파기됐고, 나는 '건물 내부 규약도 모르는 공인중개사'로 낙인 찍혔다.

업종 제한이 있는 상가, 공인중개사가 반드시 확인해야 할 4가지 핵심 포인트

1. 건축법과 상가 관리규약은 다르다

구분	설명
건축법	법적으로 가능한 업종(예 : 근생 1·2종)
관리규약	건물 소유자 등이 정한 별도 제한 규정

예시

- 건축법상 가능한 헬스장도 관리규약상 '소음 유발 업종 금지'면 입점 불가
- 유흥주점은 상가 소유자 합의 없으면 제한 가능

2. 임대차 계약서 내 업종 제한 특약 확인

항목	위험 포인트
기존 업종 외 금지	신규 업종 입점 자체가 계약 위반
공동 입점 업종 제한	유사 업종 충돌 시 거절 가능성 높음.

> **실무 팁** ▶

계약서에 '임대인의 사전 승인 없이는 업종 변경 금지'가 있으면 모든 계획이 틀어질 수 있음

3. 입점 허가는 '관리단 동의' 또는 '사전 고지' 절차 필요

- 일부 상가는 입점 승인서를 요구
- 별도 '운영규정 위반 시 퇴거 조항'이 삽입된 계약서 존재

> **상담 멘트 예시** ▶

"이 건물은 소유자 협의체 동의 없이는 신규 업종을 받을 수 없기 때문에 계약 전에 반드시 승인 절차가 필요합니다."

4. 업종 분쟁은 임차인이 아니라 공인중개사가 책임질 수 있다

- 공인중개사가 업종 제한 확인 없이 계약을 유도할 경우 임차인 피해 발생 시 공인중개사는 민사책임을 질 수 있으며 신뢰도가 하락한다.

> **사례** ▶

계약 이후 입점 거부 → 보증금 미반환 소송 → 중개인 과실로 판정된 사례 다수

> **김명식의 실전 정리**
> - 건축물 용도 허용 ≠ 실제 입점 허용
>   → 상가의 '규약과 관행'을 먼저 파악해야 한다.
> - 공인중개사는 계약서 작성 전에 "이 업종이 이 건물에서 실제 가능한가요?"라는 질문을 먼저 던질 수 있어야 한다.
> - 업종 제한을 모르고 계약을 유도하는 순간, 공인중개사의 신뢰는 무너진다.
> - 계약을 이어가는 기술보다 계약을 지킬 수 있는 기준을 먼저 말할 줄 알아야 한다.

"업종 제한은 눈에 안 보이지만, 모든 계약의 시작과 끝을 바꾼다. 공실을 채우는 것보다 규약을 먼저 읽을 줄 아는 것이 진짜 중개다."

업종별 체크리스트를 가지고 상담해야 할까요?

"제가 다 외워서 설명해드릴게요."

말로만 상담하는 공인중개사는 신뢰도도, 계약 성공률도 낮다. '보여줄 수 있는 체크리스트'를 가진 공인중개사만이 전문가로 인정받는다.

한때는 모든 것을 말로 설명했다. 그러다 고객이 말했다.

"사장님 말은 이해되는데요. 제가 가족한테 설명을 못 하겠네요. 정리된 자료는 없나요?"

그 말에 나는 멈칫했다. 그리고 그날부터 '업종별 상담 체크리스트'를 만들기 시작했다.

• 어떤 업종에는 어떤 시설이 필요한지

- 인허가는 어떤 절차를 거쳐야 하는지
- 공인중개사가 알려줘야 할 핵심은 무엇인지

그 리스트를 보여준 뒤, 고객의 태도는 바뀌었다.

"다른 공인중개사들은 이런 거 안 줬어요. 사장님은 진짜 믿음이 가네요."

체크리스트가 상담의 '신뢰'를 만든다

1. 말로 설명하는 공인중개사보다 문서로 보여주는 공인중개사가 신뢰를 얻는다

- 초보 창업자는 이해력보다 자료 확보 욕구가 더 큼
  → "이건 보시고 가족과 공유하시면 됩니다" 한마디면 끝

상담 멘트 예시 ▶

"이건 제가 만든 '음식점 상담 체크리스트'인데요. 공사비가 어디서 터질 수 있는지만 정리해드렸어요."

2. 체크리스트로 설명하면 시간이 절반으로 줄고, 계약 확신은 두 배로 올라간다

항목	설명 없이 계약 시	체크리스트 활용 시
고객 이해도	60%(감에 의존)	90%(시각적 정리)
계약 확률	비교 판단 미흡	공인중개사 전문성 신뢰 형성
시간 소요	설명 반복	문서 하나로 명확 정리

3. 체크리스트는 '기억'이 아니라 고객의 판단 도구가 된다

- 고객은 집에 가서도 비교한다
    → A상가에는 정화조 없음 / B상가는 소방 완비
    → 정리된 문서가 '후속 계약 결정'까지 이어진다.

4. 공인중개사는 단순한 설명자가 아니라 업종별 조건을 해석하는 분석가여야 한다

- 음식점 → 전기용량, 정화조, 배기시설
- 카페 → 창 방향, 전면 시야, 콘센트 위치
- 네일샵 → 수도위치, 전기콘센트 수, 채광

상담 도구 예시 ▶

[음식점 상담 체크리스트]
☐ 정화조 유무   ☐ 배기 덕트 방향   ☐ 감지기 설치
☐ 전기용량   ☐ 피난 계단   ☐ 상가 내 업종 제한 유무

김명식의 실전 정리
- 공인중개사의 '말'보다 고객 손에 남는 '문서'가 계약을 성사시키는 결정적 도구다.
- 체크리스트는 단순히 정리한 표가 아니라 전문성과 신뢰를 시각화한 무기다.
- 눈으로 보여주고, 손으로 들려주고, 계약서에 사전 설명한 근거로 첨부까지 한다면 공인중개사는 단순 소개자가 아닌 '계약 설계자'가 된다.

"말은 사라지지만, 문서는 남는다. 계약도 사람도, 문서를 따라간다. 공인중개사는 이제, 보여주는 사람이 되어야 한다."

41
포장·배달 전문점과 홀 운영 매장의 차이점은?

"이 상가는 홀도 있고, 배달도 됩니다."

이 한마디로 두 마리 토끼를 잡는다고 생각한다면, 이미 고객도, 공간도 제대로 모르는 것이다.

두 마리 토끼를 잡으려다 모두 놓친 적이 있다. 작은 골목 1층 점포. 배달 전문 치킨집을 찾는 창업자와 홀 영업을 원했던 한 식당 운영자가 동시에 관심을 보였다. 나는 욕심이 생겼다.

"여긴 배달도 되고, 홀도 잘 나올 구조입니다!"

하지만 결국 둘 다 돌아섰다.

배달 창업자는 "주방이 너무 넓고 임대료가 부담돼요"라고 했다.

홀 운영자는 "손님 좌석 구성이 너무 애매해요"라고 말했다.

그때 깨달았다. 배달과 홀은 같은 음식업이지만, 중개는 완전히 달라야 한다는 사실을.

포장·배달 전문점 vs 홀 운영 매장, 공인중개사가 구분해야 할 핵심 4가지

1. 주방과 홀의 면적 비율이 완전히 다르다

항목	포장·배달 전문점	홀 운영 매장
주방 비중	60~70% 이상	30~40% 수준
홀 비중	최소화(대기용)	좌석 구성 중심
테이블	불필요하거나 최소	고객 회전 고려 필요

상담 멘트 예시 ▶

"이 공간은 주방 면적이 넓고 좌석이 제한적이라 홀보다는 배달용으로 훨씬 효율적입니다."

2. 입지와 유입 방식이 다르다

구분	포장·배달 전문점	홀 운영 매장
유입 방식	앱/온라인 기반	유동 인구 의존
입지 조건	배달 가능 반경 중요	전면 가시성, 주차 여부 중요
고객과의 접점	거의 없음.	응대·분위기 설계 필요

> **실무 팁 ▶**

"배달은 '위치'보다 '배달망'이 중요하고, 홀은 '발견성'이 생명입니다."

3. 설비·동선·공사비가 다르다

배달 매장은 작은 공간 내 동선 효율이 중요
홀 매장은 고객 동선 + 주방 응대 동선 설계 필요

> **비교 예시 ▶**

- 배달 전문점 : 주방 → 포장 → 출입구
- 홀 운영점 : 입구 → 대기석 → 좌석 → 화장실 → 주방 → 전체 동선이 복잡하고 넓어야 한다.

4. 배달용 상가는 수익 계산 방식도 다르다

- 배달 매장은 인건비 ↓, 광고비 ↑
- 홀 매장은 고정비 ↑, 분위기 설계 필수

> **창업자 멘트 대응 ▶**

"배달 전용은 빠르게 회전하지만, 홀 운영은 안정성 중심이라 임차인 성향에 따라 제안이 달라야 합니다."

김명식의 실전 정리

- 홀과 배달은 '같은 음식 장사'가 아니다 → 공인중개사는 시설 비율 + 유입 방식 + 상권 구조까지 분석해서 업종 제안을 해야 한다.
- 공간을 '어떻게 쓰는지'를 상상할 수 있어야 임차인이 계약 후 후회하지 않는다.

"음식은 같지만, 공간은 다르다. 홀은 사람을 받는 구조이고, 배달은 오더를 처리하는 구조다. 그것을 구분해주는 사람이 진짜 공인중개사다."

상권 분석의 핵심

눈에 보이는 유동인구보다,
보이지 않는 '매출 흐름'을 봐야 한다

42 상권이란 정확히 무엇인가요?

"사장님, 여기는 상권이 좋아요."

이때 고객이 "상권이 좋다는 게 뭐죠?"라고 묻는 순간, 당신이 전문가인지 말장난쟁이인지 판가름 난다.

상권을 '유동이 많으면 좋은 곳'이라고만 생각했다. 그때는 '상권'이 그냥 사람 많은 곳인 줄 알았다. 지하철 출구 앞, 버스 정류장 옆, 스타벅스 있는 자리. "여기가 상권 좋은 데예요" 그렇게 말하고 다녔다.

하지만 하루는 고객이 이렇게 물었다.

"유동인구는 많은데 왜 여기 가게들이 계속 바뀌죠?"

그 한마디에 나는 내 설명이 틀렸다는 것을 인정해야 했다.

그 후로 나는 '상권'이라는 단어를 눈에 보이는 거리가 아니라 돈이 머무르고, 사람이 지갑을 여는 흐름으로 다시 공부했다.

상권이란 단순한 거리 개념이 아니다. 돈이 흐르는 범위, 행동이 발생하는 공간이다.

1. 상권 = 고객이 '일정 패턴을 가지고 돈을 쓰는 범위'

거리는 좁아도, 지갑이 열리지 않으면 그건 상권이 아니다.
반대로 유동은 적어도, 단골 고객이 반복적으로 소비하면 그건 살아 있는 상권이다.

상담 멘트 예시 ▶

"상권이란, 단순히 사람이 많은 곳이 아니라 사람이 '목적을 가지고' 지갑을 여는 공간입니다."

2. 상권은 업종마다 범위와 밀도가 다르다

업종	상권 범위	소비 행동
편의점	반경 100m	즉시 소비, 반복 구매
카페	반경 300m	휴식·만남
학원	반경 1km 이상	목적 방문, 시간 소비
미용실	주거 기반 or 지인 추천	예약 중심 소비

> **실무 팁**
>
> "같은 입지라도, 어떤 업종이 들어오냐에 따라 그 공간의 '상권 가치'는 완전히 달라집니다."

3. 상권 = 거리 × 고객층 × 시간 × 목적이 만나는 교차점

요소	체크 포인트
거리	반경/동선/가시성
고객층	연령, 성별, 소비력
시간	오전형/오후형/야간형
목적	소비인지 이동인지, 목적형인지 즉흥형인지

> **실무 팁**
>
> "유동만 본 공인중개사는 입지만 보고 끝나고, 목적까지 해석하는 공인중개사는 계약까지 갑니다."

김명식의 실전 정리

- 상권이란 단순히 '유동'이 아니라 '왜 그 자리에 사람이 모이고, 왜 지갑을 여는가'를 설명할 수 있는 구조다.
- 공인중개사는 "사람이 많다"라고 말하지 말고, "돈이 어디로 흐르고 있는지를 본다"라고 말해야 한다.
- 계약 성사율을 높이고 싶다면, '거리'를 말하는 공인중개사가 아니라 '행동'을 해석하는 공인중개사가 되어야 한다.

"상권은 길 위의 발걸음이 아니라, 그들이 왜 멈추고, 뭘 사는지를 설명하는 힘이다. 그걸 말할 수 있어야, 공인중개사는 '위치'가 아니라 '돈의 흐름'을 연결하는 사람이다."

A급, B급, C급 상권은 어떻게 구분하나요?

"여기는 A급 상권이에요."

고객이 "그 기준이 뭐예요?"라고 묻는 순간, 당신이 말한 그 'A급'은 그냥 아무 말이 된다.

예전에는 '유동이 많으면 A급'이라고 생각했다. 강남역, 홍대입구, 명동 같은 곳을 말하며 "여긴 무조건 A급입니다!"라고 말하고 다녔다.

하지만 어떤 고객이 한마디 던졌다.

"A급이면 왜 자꾸 가게가 바뀌죠?"
"여긴 월세만 비싸고, 자리는 별로인데요?"

그 순간 나는 깨달았다.

상권 등급은 유동이나 위치가 아니라 '매출이 지속되느냐, 고객이 반복되느냐'가 핵심이라는 것을.

A·B·C급 상권은 '소비 구조와 지속 가능성'을 기준으로 나뉜다

1. 등급은 '눈에 보이는 거리'가 아니라 돈이 얼마나, 얼마나 자주 움직이느냐로 판단한다

등급	정의	특징
A급	유동 多+소비력 高+브랜드 밀집	임대료 高, 공실률 低, 매출 안정
B급	유동 중간 + 지역 상권 중심	개인 점포 위주, 업종 맞추면 수익성 높음.
C급	유동 적음 + 소비력 낮음	공실률 高, '특정 업종'만 가능

핵심 포인트 ▶

"A급은 '어떤 업종이든 되는 곳', B급은 '맞는 업종만 되는 곳', C급은 '그 업종만 가능한 곳'입니다."

2. 상권 등급은 업종별로 다르게 적용된다

업종	A급 기준	C급 기준
커피전문점	역세권 중심, 스타벅스 입점지	주택가 골목 or 테이크아웃 전용
미용실	트렌드 중심지, 고가 브랜드 입점지	단골 위주 주거지 인접 매장
분식/편의점	학교, 병원, 역세권 부근	재개발 지역 가건물, 간판 노출 약한 곳

> **실무 팁**

"같은 위치라도 편의점은 A급, 프렌치 레스토랑은 B급 이하일 수 있습니다. 업종에 따라 등급 해석이 달라야 진짜 전문가입니다."

3. A급처럼 보여도 '가짜 A급'이 있다

- 유동은 많지만 체류시간 짧고, 회전율 낮음
- 방문은 많지만 소비력이 낮거나, 브랜드가 오래 정착하지 못하는 곳

> **대표 사례**

관광지 중심 상권 – 인스타그램용 방문은 많지만 단골·매출은 형성되지 않아 B~C급 이하 수익률

4. 임대료와 권리금으로도 등급을 확인할 수 있다

구분	A급	B급	C급
보증금	高	중간	낮음.
월세	평당 20만 원 이상	평당 5~10만 원	평당 5만 원 이하
권리금	시설 + 영업권리금 多	시설 위주	거의 없음 or 제로

> **핵심 포인트**

"임대료가 높다고 A급이 아니라, 높은 임대료를 감당하고도 남는 매출이 있는 곳이 A급입니다."

김명식의 실전 정리

- 상권 등급은 단순히 거리나 유동이 아니라 소비 구조, 업종 지속력, 수익률로 나뉜다.
- 'A급이라니까 그냥 좋아 보인다'라는 말은 전문가에게서 절대 나오지 않는다.
- 고객에게 상권을 설명할 때는 "여기는 A급이니까요"가 아니라, "이 상권은 이런 업종에 이런 수익 구조가 반복되고 있기 때문에 A급입니다"라고 말할 수 있어야 한다.

"상권의 등급은 사람이 아니라 돈이 얼마나 자주, 오래 머무르느냐로 나뉜다. 등급을 말할 수 있는 사람이 아니라, 등급을 해석할 수 있는 사람이 진짜 공인중개사다."

44
유동인구만 많으면 좋은 상권인가요?

"여기 하루에 수천 명이 지나가요. 무조건 잘되지 않겠어요?"

그렇게 믿었다가 수천 명 중 단 한 명도 들어오지 않는 상가를 본 적 있는가?

한때는 유동만 많으면 다 되는 줄 알았다. 서울 시내 중심가 사거리 코너에 하루 2만 명 이상이 지나가는 점포. 나는 '무조건 성공할 자리'라고 생각했다.

그래서 음식점 창업자에게 당당히 추천했다. 하지만 결과는?

한 달 반 만에 폐업. 가게 앞은 늘 붐볐지만, 가게 안은 한산했다.

그때 사장님이 말했다.

"다 지나가긴 하는데, 아무도 여기서 멈추질 않아요."

그 말이 내 가슴을 후벼 팠다. 유동은 많지만, 소비는 없는 상권. 나는 그것을 '가짜 상권'이라고 부른다.

유동인구 = '조건'일 뿐, 절대 '답'이 아니다

1. 유동인구 = 이동 흐름일 뿐, 소비자는 아니다

구분	유동만 많은 상권	실제 소비형 상권
특성	지나감.	머무름.
구매 동기	없음.	목적성 or 즉흥 소비
점포 영향	간판 시야 중요	업종 매칭, 동선 설계 필요

▶ 실무 팁 ▶

"유동은 숫자가 아니라 '속도'와 '목적'을 봐야 합니다. 걸음을 멈추는 곳만이 진짜 상권입니다."

2. 체류 시간·소비 의도 없는 유동은 '데이터 노이즈'다

- 유동이 많지만 앉을 데 없는 거리
- 대중교통 환승만 하는 구간
- '빨리 지나가는 길'이지, 지갑이 열리는 길이 아님

> **대표 사례** ▶

시청 앞, 고속버스터미널 앞, 출퇴근 집중 구간
→ 지나가기만 하고, 사지 않는 곳

3. 유동인구보다 중요한 것은 '고객의 목적'

구분	목적형 고객	유입형 유동
행동	커피 마시러 왔다.	걷다 보니 지나감.
매출 연결	직접 연결 가능	설득 구조 필요
상권 해석	브랜드/매출 유지 가능	입점 실패율 높음.

> **상담 멘트 예시** ▶

"이곳 유동은 많지만, '앉아서 먹는 가게'는 안 됩니다. 여긴 테이크아웃, 배달형 업종이 맞습니다."

4. 유동보다 중요한 3요소 : 체류시간, 시야 확보, 업종 일치도

> **김명식의 실전 정리**
> - 유동은 많을수록 좋다는 말은 아무거나 팔아도 되는 곳이 아니라, 아무도 안 사는 곳이 될 수 있다는 말과 같다.
> - 공인중개사는 유동의 숫자가 아니라, 유동이 멈추는 이유, 사는 이유, 재방문하는 이유를 말할 수 있어야 한다.
> - 상권을 숫자로 설명하는 것은 누구나 할 수 있다. 고객의 발걸음이 '구매 행동'으로 바뀌는 구조를 설명할 수 있어야 진짜 전문가다.

"사람은 많아도, 매출은 없을 수 있다. 유동을 말하지 말고, 돈이 어디서 멈추는지를 말하는 공인중개사가 되어야 한다."

45 주말형 상권과 평일형 상권, 어떻게 판단하나요?

"여기 평일엔 좀 한산한데, 주말엔 꽤 북적여요."

이 말, 고객에게 정확히 설명하지 못하면 그 매장은 계약서만 남기고 실패할 수 있다.

평일 낮에 한산한 것을 모르고 '유동 많다'라는 말만 믿고 계약했다가 월~금 매출 제로로 깨진 적 있다.

한번은 카페 매장 공실을 중개하면서 주말 오후 시간대에 현장 조사를 다녀왔다. 사람도 많고 분위기도 괜찮았다.

"여기 완전 살아있는 상권이네요!"

창업자도, 나도 들떴다. 하지만 월요일부터 문제가 생겼다.

출근길도, 점심시간도 조용. 인근 오피스도 없고, 주거지 소비도 없었다.

결국 '주말에만 북적이는 상권'이라는 것을 뒤늦게 알았다.

그제야 알았다. '사람이 많다'는 것은 요일별로 해석해야 진짜 상권 분석이라는 것을.

평일형 vs 주말형 상권, 시간을 잘못 보면, 계약도 실패한다

1. 핵심 개념 : '언제 사람이 많은가'가 아니라 '언제 소비가 집중되는가'를 보는 것

상권 유형	특징	업종 적합
평일형	점심·퇴근 시간 유동 집중 월~금 위주 매출	카페, 분식, 점심식당, 도시락, 미용실
주말형	토·일 방문객 폭증 가족·데이트 유입 중심	브런치, 디저트, 키즈카페, 체험형 매장

▶ 실무 팁 ▶

"카페도 평일 출근길이면 테이크아웃, 주말 상권이면 브런치+대화용 공간입니다."

2. 현장에서 보는 판단 기준 3가지

- 시간대별 유동 체크(직접 현장 확인)
    - 평일 낮 12~1시, 6~8시

- 주말 오후 1~5시
    → 이때 사람 흐름이 어떻게 바뀌는지 직접 봐야 정확

- 업종 생존률 기준
  - 평일형 상권은 '도시락/편의점'이 많고 교체율 낮음
  - 주말형 상권은 '디저트/패밀리 레스토랑' 위주
    → 체험형, 포토존형 점포 많으면 주말형 가능성 높음

- 체류시간 + 소비건당 단가
  - 평일형은 회전 빠름, 단가 낮음
  - 주말형은 회전 느림, 단가 높음
    → 단가를 봐야 상권의 질이 보인다.

3. 업종과 상권 리듬이 안 맞으면, '매출 블랙홀' 발생

- 평일 상권에 키즈카페? → 고정비만 날아간다.
- 주말 상권에 직장인 도시락집? → 평일엔 텅 빈다.

상담 멘트 예시 ▶

"이 자리 괜찮아 보이시겠지만, 여기는 주말형이라 평일 매출이 거의 없습니다. 운영 시간 구조부터 다시 보셔야 합니다."

김명식의 실전 정리

- 상권은 거리보다 시간이 먼저다.
- 평일에 사람이 없고 주말에만 모이면, 그 매장은 '1주일 중 2일만 장사되는 곳'이다.
- 공인중개사는 유동 숫자보다, 요일별 흐름 + 업종 맞춤 분석으로 고객이 실패하지 않도록 길을 제시해야 한다.

"시간을 읽지 못한 상권 분석은 길이 아니라 미로다. 유동이 아닌, 언제 누가 왜 사는지를 말할 수 있어야 그게 진짜 '전문 공인중개사'다."

46 상권이 살아있다는 것을 어떻게 증명할 수 있나요?

"여기 상권 좋습니다."

이 말에 고객이 "그 근거가 뭔데요?"라고 물었을 때, 말을 못 하는 공인중개사는 그냥 '추측꾼'으로 끝난다.

"여긴 느낌이 살아있다"라며 감각만 믿고 중개했다가 신뢰를 잃은 적이 있다. 역세권 이면도로에 간판도 잘 보이고 주변에 카페도 많았다. 사람도 오가고, 상가도 제법 있었다. 나는 '살아있는 상권'이라고 확신했다.

"여긴 진짜 좋습니다. 오픈만 하시면 매출 나옵니다."

그런데 사장님이 물었다.

"구체적으로 어떤 근거로 그렇게 말하시는 거죠?"

나는 그때 처음으로 머릿속이 하얘졌다. 감각밖에 없었고, 수치도 없었고, 흐름도 분석하지 못했다. 그 후로 나는 '살아있는 상권'이라는 것을 증명할 수 있는 5가지 기준을 만들었다.

상권이 '살아있다'는 것은 말이 아니라 숫자와 행동 흐름으로 증명해야 한다

1. 폐업보다 창업이 많은가?

- 가장 단순하지만 가장 강력한 기준
  - → 상가 회전율이 높지만, 창업률도 높다면 살아있는 상권
  - → 창업률 < 폐업률인 곳은 '소진된 상권'일 가능성 높음

▶ 실무 팁 ▶

"최근 6개월 내 새로 생긴 점포 수, 같은 업종 반복 진입 사례만 봐도 상권이 살아있습니다."

2. 야간 or 평일 매출이 꾸준한 업종이 있는가?

- 상권은 한때의 붐이 아니라 '반복 소비'로 유지되는지로 판단
  - → 치킨집, 편의점, 미용실, 배달전문 등 꾸준한 업종이 살아있어야 '생존형 상권'

> **상담 멘트 예시** ▶

"이 지역은 주말 장사보다 주중 꾸준히 유지되는 매장이 많아서 상권이 안정적입니다."

3. 브랜드 점포의 리뉴얼 주기가 긴가?

- 상권이 죽은 곳은 브랜드들이 2~3년 안에 철수
- 살아있는 곳은 리뉴얼만 하고 점포 유지

> **체크리스트 항목** ▶

☐ 스타벅스 리뉴얼 여부
☐ 프랜차이즈가 '철수'가 아닌 '확장'을 했는가?

4. 주택, 오피스, 유동, 배후의 균형이 있는가?

구성	살아있는 상권 조건
주거지	고정 소비층
오피스	점심·퇴근 유동
유동	즉흥 소비 가능성
배후시설	병원, 학교, 관공서 등 존재

→ 이 4가지가 고르게 갖춰진 곳일수록 상권의 흐름이 끊기지 않고 이어진다.

5. 공실이 오래가지 않고, 업종 교체가 합리적인가?

- 공실이 자주 발생하더라도 빠르게 리뉴얼되고 업종이 교체되면 회복력이 있는 상권
- 반대로 공실이 수개월씩 지속되면 침체 가능성 ↑

> **실무 팁**

"공실이 있더라도, 얼마나 빨리 들어오느냐를 보십시오. 그게 살아있는 상권의 근육입니다."

김명식의 실전 정리

- 상권은 '느낌'으로 말하는 것이 아니라 '데이터와 흐름으로 증명'할 수 있어야 신뢰가 생긴다.
- 살아있는 상권은 '성공한 매장이 있다'가 아니라 '성공 매장이 계속 버티고 교체되는 과정이 자연스럽다'라는 데에 있다.
- 공인중개사는 유동이 아니라 상권의 생명력을 설명하는 사람이 되어야 한다.

"상권이 살아있다는 건 유행이 아니라 지속이다. 그 자리에 사람이 있는 게 아니라, 매출이 끊기지 않는다는 걸 보여주는 사람이 진짜 공인중개사다."

47 상권이 몰락하는 조짐은 어떤 게 있나요?

"여기도 예전엔 정말 잘됐어요."

이렇게 시작하는 설명은 이미 끝난 상권에 붙는 대표적 멘트다.

'유명한 거리니까 괜찮겠지' 하고 중개했다가 고객 가게가 6개월 만에 문을 닫았다. 홍보도 많이 되고, SNS에도 자주 등장했던 카페 골목. 겉으로는 멀쩡했지만, 나는 그 속을 들여다보지 않았다.

"여기 워낙 이름난 거리니까 잘될 거예요."

하지만 현실은 달랐다.

- 간판만 바뀌는 가게들이 연달아 생김
- 점점 야간 불이 꺼지는 상점이 늘어남

- 임대료는 높은데, 지나가는 사람들 얼굴이 달라짐

결국 창업자는 매출 급감으로 철수했다. 나는 그때 처음으로 '몰락하는 상권은 표지판이 아니라, 공기에서 느껴져야 한다'라는 것을 깨달았다.

상권이 무너지는 조짐 5가지 - 눈치 빠른 공인중개사는 계약 전에 감지한다

1. 공실이 3개월 이상 지속되는 점포가 늘어난다

- 공실은 늘 있을 수 있다. 하지만 '빠르게 교체되지 않는 공실'은 상권 위기 신호다.
- 특히 코너·1층 주요 상가에 공실이 생기면 그 골목 전체가 영향을 받는다.

> **상담 멘트 예시** ▶
>
> "이 구간은 6개월 이상 비어 있는 점포가 계속 이어지고 있습니다. 소비력이 약해서 배후지 변화 가능성이 있습니다."

2. 같은 업종이 반복해서 폐업한다

- 카페 → 1년 내 3번 이상 교체
- 음식점 → 동종 업종이 연달아 문 닫음
  → 이는 단순한 실력 부족이 아니라 '입지 자체의 문제'를 나타냄

> **실무 팁 ▶**

"해당 업종이 반복적으로 실패한 것은 유입 고객과 업종이 맞지 않는다는 뜻입니다."

3. 브랜드 매장이 하나둘 철수한다

- 프랜차이즈가 나간 자리 = 상권이 무너졌다는 뜻
- 브랜드는 철수에 민감하고 빠르다
    → 이탈이 시작되면 주변 소상공인도 흔들린다.

> **상담 멘트 예시 ▶**

"작년까지 있던 대형 베이커리가 올해 없어졌습니다. 상권의 소비력 자체가 약해졌을 수 있습니다."

4. 밤에 불이 꺼지는 속도가 빨라진다

- 야간 유동이 줄면, 매출의 30% 이상이 사라진다는 뜻이다.
- 오후 8시 이후에도 불 켜진 점포가 적다면 상권은 이미 침체기에 들어섰다고 봐야 한다.

> **실무 팁 ▶**

"야간 영업하는 매장이 많고 불이 환한 곳은 아직 희망이 있습니다. 불 꺼진 거리는 점점 사람이 잊어버리는 거리입니다."

5. 배후가 바뀌었다(주거 → 공실, 오피스 → 이전 등)

- 주택가 이주, 오피스 이전, 재개발 지연 등
  → 상권을 받쳐주는 배후 인구가 줄면 상권도 함께 무너진다.

> **상담 멘트 예시** ▶
>
> "이곳은 작년까지만 해도 학원이 많았지만 대형 학원 대부분이 다른 지역으로 이전했습니다."

> **김명식의 실전 정리**
>
> - 몰락은 한순간이 아니라 조용히, 서서히 진행된다.
> - 유동보다 공실의 주기, 업종 회전, 브랜드 흐름, 야간 불빛이 더 정확한 신호다.
> - 고객에게 상권을 설명할 때는 "잘될 겁니다"보다 "이 구간은 지금 전환기에 있습니다. 업종을 신중히 고르셔야 합니다"라는 멘트를 줄 수 있어야 한다.
> - 그 말을 해주는 공인중개사가 결국 진짜 전문가로 기억된다.

"상권은 무너질 때 소리가 나지 않는다. 그러나 깃발처럼, 간판처럼, 불빛처럼 조용히 흔들린다. 그것을 먼저 본 공인중개사만이 실패 없는 계약을 이끈다."

48
프랜차이즈 본사가 선호하는 상권은 어떤 조건인가요?

"여기 유동도 많고, 자리도 괜찮은데 왜 본사에서 거절했죠?"

본사의 눈으로 상권을 못 보는 공인중개사는 결국 계약이 아니라 반려 통보만 받는다.

정말 좋은 자리를 소개했다가 프랜차이즈 본사에서 출점 반려를 받은 적이 있다. 초역세권 1층, 유동 좋고 전면 노출도 뛰어난 자리. 창업자는 치킨 프랜차이즈 가맹을 염두에 두고 있었고, 나 역시 "이건 무조건 됩니다"라며 확신했다.

하지만 본사의 답변은 단호했다.

"반경 300m 내 직영점이 있어 출점 불가입니다."
"고정 수요가 약해, 우리 브랜드 수익 모델과 맞지 않습니다."

나는 그제야 알았다. 공인중개사가 본사의 눈으로 상권을 보지 못하면, 계약은 서류로 끝나고 사업은 시작도 못 한다는 것을.

프랜차이즈 본사가 선호하는 상권 5가지 조건 – 공인중개사는 반드시 이 기준으로 상가를 해석할 수 있어야 한다

1. '브랜드 수익 모델'에 맞는 상권 구조

- 본사는 단순 유동보다 단가 × 회전율 × 인건비 구조가 맞는 상권을 찾는다.
  - → 예 : 회전형 브랜드 = 유동 + 단가 + 속도
  - → 프리미엄 브랜드 = 체류 + 고소득층 + 조용한 입지

상담 멘트 예시 ▶

"이 상권은 회전률은 좋지만 단가 낮은 구조라 브랜드 수익 구조와는 맞지 않을 수 있습니다."

2. 자사 기존 매장과 거리 충돌이 없는가

- 브랜드마다 거리제한 있음
  (예 : CU·GS25 50m, F&B 통상 500m 이상 기준)
- 자사 직영점/가맹점과의 중복 방지 → '상권 보호'가 본사 핵심 이슈

실무 팁 ▶

"입점 가능 여부는 브랜드마다 지도 반경 기준이 다릅니다. 사전에 출점심사 요

청이 필요합니다."

3. 목표 고객층이 일치하는 상권인가

브랜드 예시	선호 상권 유형
이디야·컴포즈	역세권 저가 수요, 평일 유동 중심
투썸·폴바셋	오피스 밀집 고급 상권
노랑통닭·BBQ	주거지 기반 배달 유동 중심
놀부·본죽	대형 상권 + 점심 고객층 확보 지역

> **핵심 포인트 ▶**

"브랜드는 '사람 많은 곳'이 아니라 '우리 고객이 있는 곳'을 선택한다."

4. 배후 수요가 일정하고, 상권 흐름이 안정적인가

- 단기적 이슈보다 지속적으로 유입되는 인구 구조를 중시
  → 오피스 출근률, 주거지 입주율, 인근 시설 가동률 등

> **상담 멘트 예시 ▶**

"이 지역은 신축 입주 예정 단지와 병원, 관공서 배후가 있어 프랜차이즈 안정 수요 조건에 맞습니다."

5. 상가 구조와 브랜드 포맷이 맞는가

- 실내 좌석 수, 주방 위치, 전면 유리 여부, 화장실 유무 등
  → 공간 설계가 브랜드 표준 인테리어에 맞는지 확인 필수

> **실무 팁**
>
> "이 상가는 평수는 넉넉하지만, 주방 구조가 브랜드 포맷과 다르면 설계 비용이 과다해서 입점이 어려울 수 있습니다."

> **김명식의 실전 정리**
> - 프랜차이즈는 자리보다 '수익 가능성'을 본다.
> - 고객이 "여기 어때요?"라고 하면 공인중개사는 "그 브랜드 본사 기준으로는 이 상권이 맞는지부터 확인하겠습니다"라고 답할 수 있어야 한다.
> - 계약만 성사시키려는 공인중개사가 아니라 브랜드와 고객 모두를 연결해주는 설계자가 되어야 한다.

"브랜드가 선택하는 상권은 눈에 보이는 유동이 아니라 계산된 구조다. 그것을 대신 말해줄 수 있는 사람이 진짜 상가 공인중개사다."

49

경쟁 브랜드가 몰린 지역은 피해야 하나요?

"여기 커피 브랜드만 네 개가 붙어 있어요. 이런 데 들어가도 괜찮을까요?"

고객이 이 질문을 던질 때, "그럼 피해가야죠"라고만 말하면, 당신은 아직 '위치 해석'이 부족한 공인중개사다.

경쟁 브랜드가 많다는 이유로 좋은 상권을 놓친 적이 있다. 지하철 3번 출구 바로 앞, 커피 브랜드가 5개 이상 몰려 있는 거리. 나는 "이미 포화된 지역입니다"라며 소개조차 하지 않았다. 하지만 몇 달 후, 거기에 입점한 새로운 프랜차이즈가 오히려 가장 잘되는 매장이 됐다.

왜?

타 브랜드의 유동이 '내 점포의 유입'이 됐고, 브랜드 밀집 지역이

'카페 거리'라는 인식을 만들어 특정 소비층이 계속 몰리게 만든 상권이었던 것.

경쟁 브랜드가 몰린 상권은 '리스크'가 아니라 '검증된 수요'를 보여주는 신호일 수 있다

1. 경쟁 브랜드 = 시장성이 이미 입증된 지역

- 동일 업종이 몰린다는 것
  → 그 자리에 해당 업종의 '반복 수요'가 존재한다는 증거

사례	해석
치킨집 3개가 연속 존재	배달 수요 + 야간 유입 존재
카페 5개가 붙어 있음.	회전률 ↑, 수요층 다양성 존재

상담 멘트 예시 ▶

"이 지역은 경쟁이 심한 게 아니라 해당 업종 수요가 명확한 것입니다. 브랜드별 포지셔닝만 다르면 충분히 진입 가능합니다."

2. 경쟁을 '기피 요소'로만 보면, 상권의 구조적 흐름을 놓친다

경쟁 해석 방식	결과
단순 중복으로 해석	'피해야 할 곳'으로 인식, 기회 상실
수요 검증 + 차별 전략으로 해석	'공유 상권' 속 성공 가능성 확보

> **핵심 포인트**

"경쟁이 아니라, 고객의 선택지를 넓히는 공간으로 접근할 수 있어야 합니다."

3. '몰림'보다 중요한 것은 '포지셔닝의 틈새'

- 커피 브랜드가 몰려 있어도
    - → A는 저가, B는 디저트 특화, C는 테라스 중심이라면
    - → D 브랜드는 조용한 1인석 카페로 틈새 공략 가능

> **실무 팁**

"경쟁이 있는 지역일수록 소비자 입장에서 '왜 이 집을 선택해야 하는가'를 정확히 정의할 수 있으면 이깁니다."

4. 브랜드 밀집 구간은 '집객력'이 이미 확보된 상권

- 소비자는 '무언가를 고르러 오는 거리'를 선호
    - → 예 : 가구 거리, 한의원 거리, 액세서리 거리

> **핵심 포인트**

"이 지역은 브랜드만의 싸움이 아니라 소비자의 선택 구간이 만들어진 장소입니다."

김명식의 실전 정리

- 경쟁이 몰렸다는 것은 수요가 몰린다는 뜻일 수 있다.
- 중요한 것은 경쟁 여부가 아니라, 그 사이에서 내 브랜드가 차지할 자리의 전략적 가능성이다.
- 공인중개사는 경쟁에 대해 겁을 주는 사람이 아니라, 경쟁을 해석하고 전략을 제시하는 사람이 되어야 한다.

"브랜드가 몰린 것은 끝이 아니라 시작이다. 그 틈새에 어떤 색으로 들어가느냐를 설명할 수 있다면, 당신은 더 이상 중개인이 아니라 브랜드 포지셔너이자, 전략가다."

계약서 작성 실무

**실전에서 통하는 계약서는
단순한 서식이 아니라,
리스크를 설계하는 기술이다**

상가 임대차 계약서와 주택 계약서는 무엇이 다른가요?

"임대차 계약서요? 주택이나 상가나 다 비슷하지 않나요?"

이렇게 생각하는 순간, 고객에게 설명도 하지 못하고, 계약서를 잘못 써서 분쟁만 생긴다.

처음에는 주택 계약서를 쓰듯 상가 계약서도 똑같이 썼다. 참으로 무지했다. 부동산 중개사무소를 막 시작했을 무렵, 나는 기본적으로 공인중개사 자격시험에서 배운 계약서 양식을 상가에도 똑같이 적용했다.

보증금, 월세, 계약기간만 바꾸면 끝이라고 생각했다. 하지만 문제는 계약이 끝난 뒤에 발생했다. 임차인과 임대인 사이에서 '업종 제한'과 '인허가 문제'가 터졌고, 나는 중개인으로서 아무런 대응 논리를 갖고 있지 못했다.

그제야 알게 됐다.

상가 계약은 '임대차'가 아니라 '사업 권리 계약'이라는 것을.

상가 vs 주택 임대차 계약서, 실무에서 반드시 구분해야 할 5가지 차이점

1. 계약의 목적이 다르다

구분	주택	상가
목적	주거 제공	영업 공간 제공
핵심 요소	거주 안정성	수익 창출 가능성
계약 영향	주민등록, 전입신고 중심	인허가, 업종 제한, 권리금 등 중심

실무 팁

"주택은 살기 위한 계약이고, 상가는 벌기 위한 계약입니다."

2. 계약서 항목 구성이 다르다

항목	주택 계약서	상가 계약서
기본 서식	표준임대차계약서 사용 가능	특약 다수 삽입 필수
주요 소항	보증금, 월세, 계약기간	권리금, 업종, 인허가, 시설물, 철거

핵심 포인트

"상가는 특약이 빠지면 그 자체로 계약 위험입니다. 계약서가 아니라 '설계도'라고 생각하셔야 해요."

3. 법 적용 범위가 다르다

구분	주택	상가
보호법	주택임대차보호법	상가건물임대차보호법
적용 범위	전입+확정일자	사업자등록+확정일자

실무 팁

"주택은 '전입신고'가 중요하고, 상가는 '사업자등록'이 우선입니다."

4. 계약 리스크가 다르다

요소	주택	상가
철거·원상복구	상대적으로 단순	시설물, 집기 철거 문제 잦음.
권리금	없음.	표기 누락 시 분쟁 ↑
인허가	없음.	인테리어, 조리시설, 업종제한 등 수반

상담 멘트 예시

"주택은 보증금·월세만 잘 정리하면 되지만, 상가는 업종·권리금·설비·허가까지 다 따져야 합니다."

5. 계약서 작성 후 후속조치가 다르다

- 주택 : 등기부 확인, 전입신고, 확정일자
- 상가 : 인허가 확인, 점포철거 특약, 사업자등록, 간판허가 등

> **실무 팁** ▶

"상가는 계약서만 썼다고 끝이 아닙니다. 사업 허가와 영업 개시까지 '계약 이후를 설계'해야 합니다."

김명식의 실전 정리

- 상가 계약서는 주거 공간의 '사용권 계약서'가 아니라, 사업 구조의 '운영 설계서'다.
- 공인중개사는 단순히 계약 조건을 쓰는 사람이 아니라, 사업 리스크를 설계하고 통제하는 사람이 되어야 한다.
- 초보 공인중개사일수록 주택 계약서와 같다는 생각은 버리고, '사업자 관점의 계약서'로 접근해야 실전에서 사고 없이 오래 간다.

"주택 계약은 공간을 빌려주는 것이고, 상가 계약은 기회를 파는 것이다. 공인중개사가 계약서를 '서식'으로 보느냐, '설계서'로 보느냐에 따라 전문성의 차원이 달라진다."

특약사항은 어떤 문장으로 써야 하나요?

"특약은 서로 말로 다 합의했으니까, 따로 안 써도 되겠죠?"

이 말에 "네"라고 대답하면, 그 순간부터 공인중개사의 책임은 시작된다.

구두로 다 합의했다는 말을 믿고 특약 없이 계약서를 썼다가 고생을 한 적이 있다.

임대인 : "냉난방기는 임차인이 쓰는 것으로 하죠."
임차인 : "그럼 고장 나면 제가 알아서 수리할게요."

나는 그 대화를 다 들었고, 서로 고개를 끄덕였으니 괜찮을 줄 알았다.
→ 특약에 아무것도 쓰지 않았다.

그리고 4개월 후, 에어컨이 고장났다.

임대인은 "수리비 부담은 임차인 몫"이라고 주장했고, 임차인은 "처음부터 상태가 안 좋았고, 약속한 적 없다"라며 버텼다. 결국 두 사람 모두 '공인중개사가 정리해주지 않아서 생긴 일'이라며 나를 공격했다.

특약사항은 '문서의 마지막'이 아니라, 계약서 전체의 안전벨트다

1. 특약이 필요한 이유는 '말이 다르게 기억되기 때문'

말로 한 것은 증거가 안 된다.
서로 기억이 다르면, 항상 불리한 쪽은 공인중개사다.
법원에서는 계약서 > 특약 > 말의 순서로 판단한다.

> **실전 팁**
>
> "구두로 합의한 것은 계약서에 반드시 적어야 효력이 있습니다. 쓰여 있지 않으면, 없었던 것이 됩니다."

2. 특약 문장의 3대 원칙

원칙	설명	예시
누가	당사자 명확히	'임대인은', '임차인은', '쌍방은' 등
무엇을	행위 명시	'수리비를 전액 부담한다', '원상복구 의무가 있다' 등
언제까지	기한 or 조건	'계약 종료 시점까지', '잔금 지급 전까지' 등

> **실무 팁**

"특약은 누가-무엇을-언제까지를 빠짐없이 써야 법적으로도 살아있는 문장이 됩니다."

3. 자주 쓰이는 특약 문장 예시

- 철거 관련
  "임차인은 계약 종료 시 모든 시설물을 원상복구하고, 철거 후 청소 완료 상태로 반환한다."
- 설비 분쟁 방지
  "계약 당시 상가 내 설치된 냉난방기 및 조명기기 등의 작동 여부는 임차인이 확인했으며, 임대인은 계약 이후 고장에 대해 책임지지 않는다."
- 권리금·양도 관련
  "본 계약은 권리금이 수수되는 임대차계약이며, 권리금 계약은 임차인 간 별도 합의에 따른다."
- 계약 파기 방지
  "쌍방은 계약서 서명 후 일방적인 철회를 할 수 없으며, 철회 시 계약금 배상 원칙을 따른다."

4. 특약 작성 시 공인중개사의 가장 흔한 실수

실수 유형	문제점
감정적 표현	'임대인이 절대 책임지지 않음' → 법적으로 모호
주어 생략	'책임진다' → 누가? 해석 다툼 발생
조건 없이 절대적 문장	'무조건 원상복구' → 예외 없는 조건은 분쟁 발생 ↑

특약 예시 ▶

"임차인은 본 계약에 따라 사용한 부분에 한해 원상복구를 진행하며, 별도 합의된 시설물은 예외로 한다."

김명식의 실전 정리

- 특약은 계약의 부록이 아니라 계약의 핵심 요약이며, 분쟁을 막는 방어막이다.
- 한 줄 쓰는 데 1분이면 되지만, 안 썼을 때 소송으로 가면 수개월이 걸린다.
- 공인중개사는 특약을 조율하는 해설자이자 그 문장의 명확함을 책임지는 사람이다.

"특약은 말로 하지 말고, 정확한 문장으로 하라. 그 한 줄이 당신을 보호하고, 고객의 재산을 지킨다."

52 보증금 반환 시점은 어떻게 정리해야 안전한가요?

"이사 나가기로 했는데, 보증금은 왜 아직 안 돌려줘요?"

계약서에 그 '시점'을 정확히 명시하지 않으면, 임차인과 임대인 모두 공인중개사를 책임자로 부른다.

'보증금은 계약 끝나고 돌려준다'라고만 적었다가 임대인·임차인 양쪽에서 번갈아 전화 받으며 한 달을 끌려다닌 적이 있다. 계약 만료일은 9월 30일이었다. 임차인은 미리 준비해서 9월 28일에 점포를 철수했고, 임대인은 "시설물 점검 후 보증금은 10월 초에 줄게요"라고 말했다.

그런데 임차인은 10월 1일에 바로 이렇게 말했다.

"계약 끝났으니 보증금 주셔야죠?"

임대인 : "정리도 안 됐고, 점검도 안 했잖아요."

임차인 : "그건 당신 사정이고, 난 계약 끝났어요."

결국 둘 다 "그거 왜 계약서에 안 써놨냐?"라며 공인중개사를 물고 늘어졌다.

보증금 반환 시점은 '계약 종료일'이 아니라 '조건 충족일'로 설정해야 안전하다

1. 반환 시점을 단순히 '계약 종료일'로 적으면 위험하다

표현	문제점
계약 종료 후 반환	철거·청소 안 한 상태여도 임차인이 바로 요구 가능
계약 종료일 기준	점검·열쇠 반납 등 마무리 안 된 경우에도 임대인 불리

실무 팁

"날짜가 아니라, 상태 기준으로 작성해야 공인중개사도 리스크에서 자유로워집니다."

2. 안전하게 작성하려면 '3가지 조건'을 명시해야 한다

① 철거 완료

② 열쇠 및 시설물 반환

③ 임대인 현장 확인 후

> **특약 예시** ▶

"보증금은 계약 종료일에 임대인 입회 후 임차인의 철거 완료, 시설물 정리 및 열쇠 반환 등을 확인 후 즉시 반환한다."

3. 현실에서 자주 발생하는 분쟁 유형

유형	설명	해결 포인트
임차인 철수 후 바로 요구	"난 나갔으니 바로 주세요."	조건 충족 전 지급 의무 없음 명시 필요
임대인 지연 전술	"시설물 점검 중이라 늦어져요."	기한 설정('~이내 지급') 반드시 필요
월세 연체 미지급 상태	"보증금에서 까고 주세요."	명확한 정산 방식 포함시켜야 안전

> **실무 팁** ▶

"보증금은 계약서만 보고 정리되는 게 아니라, 실제 '현장 철수'가 끝나야 지급되는 돈입니다."

4. 공인중개사의 안전을 위한 방어용 표현

표현 예시	효과
보증금은 조건 충족 후 즉시 지급	임대인에 유리한 일방 표현 방지
입회하에 반환	분쟁 발생 시 공인중개사가 객관적 입장 유지
월세 연체 미지급 시 상계	보증금에서 잔금 정산 명시로 법적 방어

김명식의 실전 정리

- 보증금은 '계약 종료'보다 '현장 종료'가 기준이다.
- 공인중개사는 날짜보다 '철거 완료, 정산, 반환 확인'이라는 구조를 먼저 써야 한다.
- 계약서에 '보증금 반환은 계약 종료 후 지급'이라는 한 줄만 있으면, 양쪽 모두 공인중개사를 흔든다.

"보증금은 계약의 끝이 아니라, 신뢰의 마무리다. 그 시점을 명확히 못 써주면 공인중개사는 돈이 아닌 감정을 대신 물어야 한다."

중도금 없이 계약을 진행해도 되나요?

"계약금 바로 보내고, 잔금 치를게요. 중도금은 생략하죠."

이 말에 별생각 없이 "네" 하고 계약서를 쓰는 순간, 공인중개사는 두 단계의 안전장치를 포기한 것이다.

중도금 없이 계약을 진행했다가 잔금 당일 연락 두절된 임차인 때문에 임대인과 같이 당황했던 적이 있다. 초기 계약금은 문제 없이 입금 됐고, 임차인은 "빠르게 진행하자"라며 중도금 없이 잔금일만 명확히 정하자고 했다.

나도 별 의심 없이 "요즘 다들 이렇게 해요"라며 넘어갔다. 그리고 잔금일 당일, 임차인은 연락이 끊겼고, 임대인은 "계약 파기니까 계약 금은 몰수합니다"라고 나에게 책임을 전가했다.

중도금이라는 것은 단순한 금액이 아니라, 계약을 진짜 진행하는지를 중간 점검하는 장치라는 것을 그제야 알게 됐다.

중도금은 '지급 단계'가 아니라 계약 진정성을 검증하는 '확인 절차'다

1. 중도금 생략은 가능하다. 그러나 리스크는 감수해야 한다

구조	설명
계약금 + 잔금만 지급	법적으로는 유효하지만, 중간 검증 단절
잔금 미도래 상태 계약 파기	위약금 발생 가능성 ↑
분쟁 시 '계약 진행의지' 입증 곤란	중도금 지급이 없으면 의도가 불확실해 보일 수 있음.

> **실무 팁** ▶
>
> "중도금은 선택이지만, 신뢰는 중도금으로 확인하는 것입니다."

2. 중도금 생략이 허용되는 상황

허용 상황	전제 조건
계약 기간이 짧은 경우 (예 : 일주일 내)	계약금과 잔금일 명확히 기재
실거래가 즉시 필요한 급매물	계약서상 사전 고지 및 명시
권리금 계약이 별도로 있는 경우	별도 계약 구조 + 대금 조건 명시

특약 예시

"본 계약은 계약금과 잔금만으로 진행되며, 중도금은 생략한다. 잔금일 미도래 전 계약 해지 시, 계약금 몰수 또는 배액 배상 원칙을 따른다."

3. 공인중개사 입장에서 반드시 확인해야 할 3가지

① 계약의 복잡성 : 권리금 포함 여부, 인허가 사안 등
② 거래의 급박성 : 입점 시기, 철거 일정 등 고려
③ 신뢰성 확보 여부: 계약 당사자 실명, 지급계획 서면화

핵심 포인트

"중도금 없이 하더라도, 그 대신 '명확한 기한'과 '위약 조건'을 문서화해야 합니다."

4. 계약서에 중도금 없이 진행하는 경우 추천 특약

- 기본형 : "계약금 지급 후, 중도금은 생략하며 잔금일은 ○○○○년 ○월 ○일로 한다."
- 위약 보호형 : "계약일로부터 잔금일까지 중도금 생략에 따른 계약 진행 의무는 유효하며, 계약 해지 시 계약금 몰수 또는 배액 반환 조건이 적용된다."

김명식의 실전 정리

- 중도금은 단순한 금액 분할이 아니다.
  → 거래 의지, 계약 안전성, 리스크 점검 기능이 있다.
- 생략할 수는 있지만, 그만큼 잔금 조건과 위약조항을 더 명확하게 설계해야 한다.
- 고객이 급하다고 해도, 공인중개사는 반드시 안전장치를 확보한 뒤 계약서에 반영해야 한다.

"중도금은 금액이 아니라 신호다. 그 단계를 생략하려면, 그만큼 계약서에 문장으로 공인중개사의 안전선을 그어야 한다."

54 권리금 양도계약서와 임대차 계약서, 순서는 어떻게 해야 하나요?

"권리금 계약서를 먼저 써야 하나요? 아니면 임대차 계약서가 먼저인가요?"

이 질문에 제대로 대답하지 못하면, 고객은 당신을 '책임을 회피하는 공인중개사'로 인식한다.

순서를 잘못 잡고 권리금 계약서를 먼저 작성했다가 임대인이 돌연 "계약 안 한다"라고 하면서 큰 분쟁에 휘말린 적이 있다. 기존 임차인과 신규 임차인 간 권리금 합의는 끝났고, 나는 양도계약서부터 먼저 작성했다.

그런데 막상 임대인과 임대차 계약을 진행하려 하니, 임대인이 "신규 임차인은 별로다. 난 계약 안 하겠다"라고 했다. 권리금은 이미 일부 입금된 상태였다.

기존 임차인은 "나는 양도계약 끝났다"라며 나 몰라라 하고, 신규 임차인은 "임대인이 거절했으니 공인중개사가 책임져야 한다"라고 주장했다.

이 사건으로 '계약 순서' 하나가 계약 전체의 생존을 좌우한다는 것을 뼈저리게 느꼈다. 사실은 특약 한 줄이면 끝인데 그 당시에는 몰랐다.

항상 '임대차 계약'이 조건변경 없이 가능한지를 양도인과 체크해야 하며, '권리금 양도계약'은 그다음이다.

1. 왜 임대차 계약 진행 가능 여부가 먼저여야 하는가?

이유	설명
법적 당사자 승인 필요	임대인의 명시적 동의가 있어야 신규 임차인이 들어갈 수 있음.
계약 무효 위험 방지	임대인이 거부하면 권리금 계약 자체가 무의미해짐.
권리금 환불 논쟁 차단	권리금만 오갔다가 임대인이 거절하면, 환불 책임이 공인중개사로 몰릴 수 있음.

핵심 포인트 ▶

'임대인의 동의가 먼저 확보되지 않은 권리금 계약은 법적으로도, 실무적으로도 불완전 계약이다.'

2. 권리금 계약서를 먼저 쓰고 싶은 고객에게 이렇게 설명

"권리금은 두 분의 거래지만, 이 공간을 실제로 쓸 권리는 임대인의 허락 없이는 성립되지 않습니다. 그래서 반드시 임대차 계약 진행 가능 여부가 먼저 선행되어야 안전합니다."

> **실무 팁**
>
> "임대차 계약서에 도장 찍기 전까지는 권리금의 잔금 입금은 안 됩니다."

3. 실무 절차 순서 정리

① 신규 임차인 확보
② 임대차 계약 진행 가능 여부
③ 권리금 양도계약서 작성
④ 임대차 계약서 작성 및 서명
⑤ 권리금 잔금 및 임대차 계약금 지급
⑥ 임대차 잔금 지급
⑦ 사업자 명의 이전 및 시설 인수
⑧ 입점 완료

4. 공인중개사의 방어를 위한 계약서 구문(중복 방지용)

'본 권리금 계약은 임대차 계약 체결 후 유효하며, 임대인의 계약 거절 시 전액 반환 조건으로 한다. 공인중개사는 이 조건을 명확히 고지했음을 확인한다.'

김명식의 실전 정리

- 권리금 계약은 감정, 임대차 계약은 권리다.
- 계약 순서 하나만 잘못 잡아도, 공인중개사는 수천만 원 분쟁의 중심에 선다.
- 공인중개사는 누구보다도 '순서의 우선권'의 법적 무게를 알고 있어야 한다.

"권리금은 사람이 하고, 임대차는 공간이 한다. 사람이 공간보다 앞서면, 계약은 반드시 뒤틀린다."

계약서 작성이 끝난 후, 반드시 확인해야 하는 마지막 항목은?

"계약서 다 썼으니까 끝난 거 아니에요?"

이 생각으로 서류봉투를 덮는 순간, 3개월 뒤 당신에게 내용증명이 날아올 수 있다.

계약서에 모든 서명을 받고 나서 특약 첨부 하나를 누락한 것을 뒤늦게 알아 계약 무효 분쟁에 휘말린 적이 있다. 계약은 완벽했다. 계약금, 잔금, 권리금, 특약까지 모두 조율했고, 서명도 마쳤고, 웃으며 악수까지 했다.

그런데 며칠 후 임대인이 말했다.

"철거 조건에 대해 다시 확인했는데, 계약서에는 안 쓰여 있네요?"

나는 특약 파일을 첨부하려다 프린트를 못 하고 넘어간 상태였다. 결국 임차인은 "말로 했던 거지, 계약 내용으로 확정된 건 아니다"라며 철거를 하지 않았고, 임대인은 "특약 확인서가 없으면 공인중개사가 책임지라"며 나섰다.

계약서 작성이 끝났다고 안심하지 말 것
– '확정'은 서명이 아니라, 점검이 끝났을 때다

1. 계약서 완료 후 반드시 확인해야 할 5가지

항목	설명
서명 누락 여부	각 페이지 서명/날인 확인(가장 잦은 실수)
첨부자료 포함	등기부, 위임장, 인감증명서 등 실제 첨부
특약 완성 여부	문장 누락, 조항 중복, 모호 표현 제거 여부 확인
날짜 및 조건 정합성	계약일, 잔금일, 입주시기 불일치 여부 점검
각 당사자 보관본 확인	서명 후 당사자별 서류 분배 완료됐는지 체크

▶ 실무 팁 ▶

"계약은 끝났지만, 문서가 끝난 건 아닙니다. 한 장 빠지거나, 한 줄 빠지면 나중에 책임은 저희가 지게 됩니다."

2. 계약 종료 후 공인중개사의 '마지막 방어 문장'

'계약서 작성 완료 후, 본 계약은 쌍방의 의사에 따라 정확히 체결됐으며, 첨부자료 및 특약 조항은 계약 당사자 모두가 숙지했음을 확인합니다.'

→ 이 문장을 특약란 하단 또는 계약서 맨 마지막 줄에 넣어 분쟁 발생 시 '고지 및 확인 책임'을 면할 수 있다.

3. 체크리스트 없이 진행할 때 생기는 실제 사고

실수	결과
등기부 누락	임대인 아닌 제삼자와 계약 → 무효
특약 빠짐	철거/권리금/환불 조건 분쟁 발생
서명 누락	일부 장 무효 주장 → 계약 전체 뒤집힘.

📋 김명식의 실전 정리

- 계약의 끝은 서명이 아니라 확인이다.
- 공인중개사는 마지막 장을 덮는 순간, 그 계약 전체에 대한 책임자가 되는 사람이다.
- '계약 완료'라는 말은 서류가 빠짐없이 작성되고, 이해되고, 각자에게 전달됐을 때만 가능하다.

"계약은 쓰는 게 아니라, 검사하는 것이다. 진짜 전문가란, 서명 이후를 가장 철저히 점검하는 사람이다."

중개 보수 제대로 받기

중개 보수는 협상의 대상이 아니라, 신뢰의 대가다

56
중개 보수 협상을 최소화하려면 무엇을 준비해야 하나요?

"조금만 깎아주실 수 있죠?"

이 말에 웃으며 끄덕이면, 당신은 전문가가 아니라 '가격 경쟁자'로 보이기 시작한다.

아무 준비 없이 중개 보수를 요구했다가 "그 정도면 동네 부동산 중개사무소 가도 되죠"라는 말에 완전히 무너졌다. 상가 임대차 계약, 권리금도 있었고 시간과 에너지를 엄청 쏟았다. 그래서 "중개 보수는 법정 기준대로 받겠습니다"라고 말했는데 고객의 반응은 이랬다.

"그냥 계약서 쓰는 거잖아요? 요즘 누가 다 주나요?"
"다른 공인중개사는 깎아준다던데요?"

나는 무기력했다. 어떤 가치를 제공했는지, 왜 중개 보수를 정당하게 받아야 하는지.

설명할 자료도, 말할 논리도 준비되어 있지 않았다.

중개 보수 협상을 피하려면, '요청'보다 '설득'을 먼저 준비해야 한다

1. 중개 보수 협상은 '금액 문제'가 아니라 '신뢰 부족 문제'다

고객 심리	숨은 질문
"왜 이렇게 비싸죠?"	"이 금액만큼의 일을 하셨나요?"
"좀 깎아주세요."	"이 정도로 고마운지는 잘 모르겠네요."
"다른 데는 더 싸던데요."	"당신이 더 나은 이유는요?"

▶ 실무 팁 ▶

"중개 보수를 설명하려면, 중개 보수를 넘어선 '당신의 존재 가치'를 먼저 보여줘야 한다."

2. 협상 없는 중개 보수를 위한 3단계 준비 전략

단계	내용	설명 방법
① 성과	어떤 성과를 냈는가?	상권 분석표, 비교사례, 실무 보고서 제시
② 과정	어떤 과정을 밟았는가?	임장 횟수, 협상력, 계약 구조 설명
③ 전문성	내가 누구인가?	포트폴리오, 고객 후기, 공식 자료 첨부

▶ 상담 멘트 예시 ▶

"저는 단순히 계약서만 쓰는 게 아니라, 입점 준비부터 상권 분석, 권리금 조율까지 '거래를 설계'하는 공인중개사입니다."

3. 실전에서 반드시 준비해야 할 협상 방지 도구 3가지

① 중개 보수 요율표 시각자료
　→ 보기 쉬운 디자인 + 근거법령 명시
　→ 고객이 스스로 납득할 수 있도록

② 상담용 보수 설명 시나리오
　→ "이 중개 보수는 이런 과정에서 발생합니다"라는 짧고 논리적인 멘트 구조

③ 성공사례 요약 리플릿
　→ 이전 고객이 정가로 중개 보수를 지급한 사례
　→ 후기, 추천사, 정산표 등을 포함하면 효과 상승

4. 협상을 예방하는 핵심 멘트

- "정해진 요율 안에서 책임 있게 진행해드릴 수 있습니다."
- "제가 받는 중개 보수는 단순 계약이 아니라, 상권을 읽고, 사람을 연결한 결과입니다."
- "다른 공인중개사와 비교해보셔도 좋습니다. 다만, 중개 보수에는 그 공인중개사의 깊이가 담겨 있다는 걸 기억해주세요."

> **김명식의 실전 정리**
> - 중개 보수는 협상으로 결정되는 게 아니라, 사전 신뢰로 고정되는 것이다.
> - 계약 후 중개 보수를 설명하면 '가격 경쟁'이 되고, 계약 전부터 '가치를 증명'하면 신뢰 계약이 된다.
> - 협상을 피하고 싶다면 '왜 이 금액이 정당한가'를 자료로, 말로, 눈빛으로 미리 준비해야 한다.

"중개 보수를 깎는 것은 금액의 문제가 아니다. 신뢰의 증명이 부족하다는 신호다. 중개 보수 협상에서 이기고 싶다면, 그 전에 신뢰부터 선점하라."

중개 보수를 나중에 주겠다는 고객, 어떻게 확실히 받아내나요?

"오늘은 좀 바빠서요… 잔금 나오면 드릴게요."

이 말을 믿고 그냥 보내면, 중개 보수는 공중으로 사라지고, 책임은 공인중개사에게 남는다.

"조금 있다가 드릴게요"라는 말을 믿었다가 한 달 넘게 전화도 안 받는 고객을 매일 찾아다녔다. 임대차 계약은 성공적으로 마무리됐다.

임차인은 "중개 보수는 잔금 들어오면 바로 드릴게요"라고 했고, 나는 서명 후 그냥 보내줬다. 그리고 그날부터 전화를 안 받기 시작했고, 문자에는 "지금 바빠요. 다음 주에요"만 반복됐다.

나는 말도 안 되는 이야기를 듣고 있었다.

"왜 그런 사람을 그냥 보냈냐?"라는 임대인의 핀잔을 들었고, 나 스스로 자괴감이 들었다.

중개 보수를 나중에 받으려면, '나중에 줄 수밖에 없는 구조'를 먼저 만들어야 한다

1. '나중에 준다'를 받아들이려면, 최소 3가지 조건이 있어야 한다

조건	설명
① 계약서 내 지급일 명시	명확한 지급 시점, 금액, 지급자 기재
② 지급 확약서 작성	서명 포함된 문서 확보(PDF 또는 종이 원본)
③ 잔금 입금일과 보수일 연결	중개 보수 미지급 시 보증금에서 공제하고 지급한다는 의사 표시 특약

특약 예시 ▶

"중개 보수는 ○월 ○일 계약일 기준으로 지급하며, 미지급 시 법적 조치를 포함한 이행 청구를 할 수 있음에 동의한다."

2. 실전에서 써먹는 고객 대응 멘트

- "중개 보수는 계약이 끝나는 시점이 아니라, 계약이 성사되는 순간부터 발생합니다."
- "조금 있다가 주시겠다는 말씀이신데, 그 일정은 계약서에 함께 명시드리겠습니다."
- "계약 후 중개 보수 미지급 사례가 늘고 있어서, 지급 확약서를 함께 받아두는 것이 원칙입니다."

3. 문서 없이 보류 시 발생할 수 있는 실제 분쟁

상황	문제점
문자·통화만으로 합의	증빙 불충분 → 법적 청구 시 불리
구두 약속만 믿음	고객 : "그런 말 안 했어요" 주장
지급일 누락	고객 : "계약 끝나고 몇 달 뒤 드린다고 했잖아요" 반박

> **실무 팁**
>
> 반드시 "중개 보수는 ○월 ○일까지 지급한다"라는 문구를 서면 또는 계약서 특약란에 넣을 것

4. 고객이 보류 요청 시 대응 전략

유형	대처 방법
"현금이 지금 없어요."	계좌이체 명시 + 지급 날짜 특약
"잔금 후 바로 드릴게요."	중개 보수 지급 서명서 작성(공인중개사 보관)
"나중에 줄게요. 믿어주세요."	"신뢰는 약속으로 보호되는 게 맞습니다"라고 설명

> **김명식의 실전 정리**
>
> - 중개 보수를 나중에 받는 것은 괜찮다. 단, 그 '나중'이 계약서에 명확히 적혀 있어야 한다.
> - 구두로만 약속된 중개 보수는 신뢰가 아니라 리스크일 뿐이다.
> - 공인중개사는 고객의 말을 믿는 것이 아니라, 고객의 서명을 확보하는 것이다.

"중개 보수는 관계가 아니라 기록이다. 계약이 성립된 순간, 그 중개 보수는 말이 아닌 문장으로 남아야 한다. 그렇지 않으면, 받을 수 있는 권리가 사라진다."

58
경쟁 공인중개사와 중개 보수 차이로 고객이 이탈할 경우 대처법은?

"○○중개사무소는 20만 원 더 싸던데요."

이 말에 얼버무리면, 당신은 '저렴한 대체재'로 밀려나게 된다.

중개 보수를 설명하기도 전에 "다른 공인중개사는 깎아주던데요"라는 말에 아무 말 못하고 고객을 놓친 적이 있다. 그날 고객은 내가 준비한 상가 자료를 진지하게 보고 갔다. 입지 분석, 경쟁 점포 비교, 권리금 조율 포인트까지 브리핑만 30분 넘게 했다. 그리고 하루 뒤, 고객이 보낸 카톡은 다음과 같다.

"죄송해요. 다른 부동산 중개사무소에서 같은 매물을 더 싸게 중개해주신대요."

나는 충격을 받았다. 내가 했던 설명, 분석, 준비는 결국 '가격 비교'

의 밑거름이었다.

가격으로 경쟁하면, 결국 당신은 '싼 사람'이 아닌, '필요 없는 사람'이 된다

1. 중개 보수가 아니라 '차별화된 결과'를 먼저 보여줘야 한다

고객의 질문	당신의 답변 포인트
"왜 더 비싼가요?"	"저는 매물을 '중개'하는 게 아니라 '구조화'합니다."
"다른 데는 깎아준다던데"	"깎기 전에, 지켜드릴 수 있는 걸 먼저 보여드리겠습니다."

▶ 실무 팁 ▶

"가격으로 저를 선택하실 수도 있습니다. 하지만 저는 '책임을 지는 가격'으로 일합니다."

2. 고객을 되돌리는 3단계 설득 전략

단계	전략
① 정보 차별화	입지 분석표, 예상 수익률 등 실제 자료 제공
② 인식 전환	'보수 = 안전 비용'이라는 관점 전달
③ 사례 제시	할인해준 공인중개사로 인해 분쟁 난 사례 간단 소개

▶ 상담 멘트 예시 ▶

"그 공인중개사가 중개 보수는 깎아드릴 수 있겠지만, 당신의 계약도 같이 깎일 수 있습니다."

3. 차별화된 공인중개사가 되기 위한 실전 도구

① 1매물 1포트폴리오 시스템
  → 매물마다 상권, 리스크, 구조, 고객용 매칭 시나리오 요약 자료
② 계약 전 리스크 설계 보고서
  → 중개 보수 요구 전에 제공 : 권리금 위험, 인허가, 명도 가능성 등
③ 공인중개사 브랜드 설명 시트
  → '왜 이 공인중개사가 더 나은가'를 시각화한 자기소개 자료

4. 실무에서 가장 많이 듣는 고객 반박 멘트 vs 대응법

고객 멘트	공인중개사 대응
"○○공인중개사는 더 싸요."	"그분은 비용을 깎지만, 저는 위험을 줄입니다."
"거기는 중개 보수를 30%만 받던데요."	"그만큼 당신의 계약을 70%만 챙길 수도 있습니다."
"다른 데 알아볼게요."	"좋습니다. 다만, 비교 기준은 '가격'이 아니라 '결과'로 해주세요."

📝 김명식의 실전 정리

- 고객은 저렴한 가격보다 '지금 내 계약을 책임져줄 사람'을 찾고 있다.
- 보수 협상에서 이기는 사람은 이유를 자료로 설명할 수 있는 사람이다.
- 당신의 보수는 정보력, 분석력, 설득력의 총합이다.

"중개 보수를 깎지 말고, 가치를 올려라. 당신이 '얼마냐'가 아니라 '왜 그만큼이냐'로 설득할 수 있어야 고객은 되돌아온다."

고객에게 중개 보수를 먼저 언급해야 하나요, 계약 후 해야 하나요?

"계약 끝났는데, 그 이야기를 왜 이제 하세요?"

이 말 한 마디에 고객은 당신을 '계약 후 뒤통수치는 공인중개사'로 인식한다.

중개 보수 이야기를 계약 후에 꺼냈다가 고객에게 "그럴 줄 알았으면 계약 안 했어요"라는 말까지 들었다. 처음에는 계약이 급했기 때문에, 중개 보수 이야기는 일부러 하지 않았다. 고객도 나도 괜찮은 분위기였다. 계약 체결 후 나는 조심스럽게 말했다.

"중개 보수는 ○○만 원입니다."

고객의 표정은 확 바뀌었다.

"그걸 왜 미리 안 말하셨어요?"
"다른 데서도 알아봤는데, 이런 조건은 없었어요."

결국 그 계약은 '고객 불만족 + 중개 보수 분쟁'의 복합 사고가 됐고, 나는 '좋은 공인중개사'에서 '몰래 챙기는 공인중개사'로 이미지가 바뀌었다.

정답은 '먼저 말해야 한다'
단, '금액'이 아니라 '가치'를 먼저 말해야 한다

1. 중개 보수는 가격이 아니라, 서비스 구조로 제시해야 한다

전략	설명	예시
명확하게	감추면 오히려 불신 유발	"법정 요율 내에서 안내드리고 있습니다."
가치 기반으로	금액보다 어떤 과정과 책임이 포함되어 있는지 설명	"이 보수에는 입지 분석, 인허가 확인, 권리금 조율이 포함되어 있습니다."

▶ 핵심 포인트 ◀

"중개 보수는 고객님이 지금 계약을 '안전하게 마무리하는 데 필요한 설계 비용'입니다."

2. '언제 말해야 하나요?' 타이밍별 전략

시점	설명	적절한 표현
첫 상담 시	부담 없이 기준 설명	"법정 요율을 기준으로 하고 있습니다."
매물 설명 후	제공 서비스와 연결	"이 매물은 분석과 리스크 조율이 중요한데, 제가 전 과정을 책임집니다. 그에 따른 중개 보수는…"
계약 직전	정확히 금액 명시	"계약 조건이 확정됐으니 중개 보수는 ○○만 원입니다."

> **실무 팁**

"중개 보수는 처음에 '기준'을 말하고, 중간에 '가치'를 보여주며, 끝에 '금액'을 정리하는 순서가 가장 자연스럽다."

3. 중개 보수 설명 시 주의할 표현

피해야 할 말	바꿔 쓸 표현
"정해진 거라 어쩔 수 없어요."	"법적 기준 내에서 제가 해드리는 책임과 함께 설명해드릴게요."
"말씀 안 드렸나요?"	"제가 보수에 대해 충분히 설명하지 못한 것 같아 죄송합니다. 지금 다시 설명해드릴게요."

> **김명식의 실전 정리**
> - 중개 보수는 '계약 후 통보'가 아니라, 계약 전 '가치 기반 제안'이 되어야 한다.
> - 고객에게 금액을 말하는 게 아니라, 당신의 책임과 역할을 보여주는 과정이 먼저다.
> - 공인중개사는 중개 보수를 요청하는 사람이 아니라, 이유를 설계하는 전문가여야 한다.

"중개 보수는 나중에 말할수록 비싸게 느껴진다. 처음부터 자연스럽게 설명해야 고객은 당신을 믿고 돈을 맡긴다."

60 중개 보수를 받지 못했을 때 소송까지 갈 수 있나요?

"그거… 그냥 넘어가시죠. 계약은 됐잖아요."

이 말을 그대로 넘기면, 다음부터는 고객이 아니라 '을'로 일하게 된다.

"중개 보수는 나중에 드릴게요"라는 말을 믿었다가 결국 6개월 뒤에 내용증명 하나 보내고 끝났다. 계약은 제대로 이뤄졌고, 중개 보수는 계약서에 명시되어 있었지만, 고객은 계속 "알겠어요, 조만간 드릴게요"라는 말만 반복했다.

처음에는 좋게 넘어가려 했고, 나중에는 불편한 관계를 만들기 싫어서 말도 아꼈다. 하지만 3개월이 지난 후 나는 마침내 내용증명을 보냈고, 그제야 고객은 일부만 입금하고 연락을 끊었다.

그 사건 이후 나는 깨달았다. 중개 보수를 받는 것은 선택이 아니라,

내 권리를 지키는 일이라는 것을.

소송까지 갈 수 있는가? 당연히 가능하다.
단, 계약서와 증거가 제대로 갖춰졌을 때

1. 중개 보수 미지급에 대한 법적 근거

기준	설명
민법 제124조	중개행위로 계약이 성립되면 보수를 받을 권리 발생
공인중개사법	중개 보수 요율 및 지급 기준 명시
판례 기준	계약 성립이 입증되면, 보수 청구 가능 (계약서 or 문자 등 증거 필요)

▶ **핵심 요건**

- 계약 체결 사실(계약서 or 계약 입증자료)
- 중개 행위가 있었음을 증명(상담기록, 문자, 녹취, 매물자료 등)

2. 실무 기준 : '이 조건이 갖춰지면 소송 가능하다'

요건	설명
계약서 or 계약 성사 입증자료 존재	서면계약 or 계약 조건 협의 내역 필수
중개 보수 청구 명확히 고지	지급요청 문자, 이메일, 고지서 등
중개 행위 이행	매물 소개, 협상, 조건 조율 등의 정황 포함

▶ **실무 팁**

계약서에 '중개 보수는 계약일 기준 ○일 이내 지급' 문구를 넣으면 청구 시점에서 훨씬 유리하다.

3. 실전 절차 : 이렇게 대응하라!

① 구두청구 → 문자 고지

② 고지서 발송(A4 1장 명세서)

③ 내용증명 발송(계약서/매물자료 첨부)

④ 지급 불이행 시 민사소송 또는 지급명령 신청

　　→ 단독으로도 가능(중개 보수가 1,000만 원 이하인 경우)

 주의

내용증명 발송 전에 반드시 중개 보수 고지 이력, 계약증빙, 통화·상담기록을 확보할 것

4. 소송 없이도 회수율을 높이는 특약 문장 예시

"본 계약은 중개 보수 ○○만 원을 포함하며, 계약 체결 후 ○일 이내 미지급 시, 법적 절차를 통해 이행을 청구할 수 있음에 동의한다."

김명식의 실전 정리

- 중개 보수는 감정이 아니라 권리다.
- 받지 못한 중개 보수는 그냥 손해가 아니라, 당신의 다음 계약에서 신뢰를 잃게 하는 리스크다.
- 고객에게 부드럽게 말하되, 법적 수단은 단호하게 준비해야 한다.

"중개 보수는 받아야 한다. 그래야 다음 계약에서 '나를 믿고 맡길 수 있다'라는 증명이 된다. 그게 공인중개사의 품격이다."

중개업 운영 전략

**상가 중개는 '영업'이 아니라,
'브랜딩과 리더십'의 싸움이다**

61. 상가 전문 공인중개사로 브랜딩하는 방법은?

"상가도 중개하시나요?"

이런 질문을 듣는 순간, 아직 당신은 '브랜드'가 아니라 '옵션' 중 하나일 뿐이다.

전문성을 스스로 증명해보겠다고 상가 중개 광고를 대문짝만 하게 붙였지만, 전화는 오지 않았다. 내 간판에는 '상가 전문'이라고 적혀 있었다. 블로그에는 상가 임대 매물도 꾸준히 올렸다. 하지만 고객은 이렇게 말했다.

"여기 주택도 같이 하시죠?"
"상가는 그냥 건너편 중개사무소에서 보려고요."

나는 '상가 전문'이라는 문장을 썼을 뿐, 전문성을 '증명'하지도, '각인'시키지도 못했던 것이다.

브랜드는 말이 아니라 고객의 머릿속에 떠오르는 이미지다

1. '상가 전문'이라는 말을 꺼내기 전에 해야 할 3단계

단계	목표	실전 실행 예시
① 정체성 설정	'어떤 상가를 누구에게' 중개할 것인가	"나는 ○○상권 내 음식점 임대에 특화된 공인중개사다."
② 자료화	고객이 알아볼 수 있는 시각적 근거 확보	매물 포트폴리오, 리포트, 상권 리서치
③ 온라인 설계	고객 검색 시 '상가 + 지역명'으로 노출	블로그/카페/지도/인스타그램 연계 키워드 최적화

▶ **핵심 포인트**

'브랜드'는 당신이 아니라 고객의 눈과 검색에 보일 때 비로소 존재한다.

2. 이름 대신 '이미지'가 먼저 기억되게 하는 법

전략	내용
상호에 '상가' 또는 상권 키워드 포함	예 : ○○상가연구소, ○○상권전문중개
프로필 문구에 상가 중개 키워드 고정	인스타그램/카톡/명함 등에 '상가·권리금 전문'
서명란에 대표 매물 or 블로그 링크	이메일/문자/네이버톡에 자동 노출되도록 설정

▶ **브랜딩 핵심 문장**

'공인중개사는 간판보다 키워드가 먼저 고객에게 읽힌다.'

3. 가장 빠르게 브랜딩하는 3가지 실전 루트

채널	전략
블로그	상권 분석 + 매물 스토리텔링 → 검색 브랜딩
인스타그램	매물 현장 + 대표 브리핑 영상 → 감각적 신뢰 형성
네이버 지도 리뷰	고객 후기 + 상담 대응 → 검색 우선노출 구조 강화

보너스 전략 ▶

'지역명 + 상가 + 중개' 키워드로 1개월 30개 콘텐츠 업로드 → 구글 검색 반영

4. 브랜드는 '일관된 반복'이 만드는 결과다

- 콘텐츠의 톤과 메시지를 통일하라(예 : '상가를 구조로 설계한다').
- 매물 설명보다 문제 해결자 이미지로 포지셔닝하라.
- 실제 고객 후기를 중심으로 브랜드를 확장하라.
- '일관된 실명' + '반복된 메시지'가 곧 신뢰의 누적이다.

📋 김명식의 실전 정리

- 상가 전문 공인중개사는 말로 되는 게 아니라, 자료로, 검색으로, 리뷰로 '보여지는 존재'가 되어야 한다.
- 브랜딩은 간판이 아니라 고객이 계약서에 도장을 찍기 전에 이미 마음속에 그려놓은 사람으로 자리 잡는 일이다.
- "아, 상가 하면 그분이 제일 잘 아시죠" 이 말을 듣는 날이 브랜딩이 끝난 날이 아니라, 시작된 날이다.

"상가 중개는 영업이 아니다. 이 사람이라면 실패하지 않겠다는 '신뢰의 직관'을 고객 머릿속에 먼저 심는 일이다. 그게 브랜딩이다."

62
동네에서 "상가 하면 저 사람" 하는 인식을 어떻게 만들까?

"여기 상가요? 그거 ○○부동산 중개사무소에 가보시면 알아서 다 해줘요."

이 말을 이웃 가게 사장님이 해줄 때, 당신은 이미 '브랜드'가 아니라 '동네의 기준점'이 된 것이다.

블로그와 명함만으로 활동하던 시절, 건물주에게 "여기 동네 사람이세요?"라는 질문을 들었다. 상가 분석도 하고, 매물도 올리고, 권리금도 조율했지만 내 이름은 동네에서 들리는 이름이 아니었다.

그때부터 바꿨다. 상권 지도를 머릿속에 넣고, 내 이름을 동네 길목에 남기기 시작했다.

'상가 = ○○'이 되려면 '거래'보다 '존재감'을 먼저 남겨야 한다

1. 3개월 안에 동네에서 기억되는 공인중개사가 되는 5가지 방법

전략	실전 예시
출근 루트를 노출하라	매일 같은 시간, 같은 길, 같은 옷 → 인식 반복 효과
상권 거점에서 일하라	커피숍, 편의점, 상가 건물 로비 등에서 임장 + 대화
건물주/상인과 자주 인사하라	"사장님, 점심 장사 괜찮으셨어요?" → 일상형 멘트
단골을 만들어라	밥집, 세탁소, 미용실 등에서 이웃으로 관계 맺기
간판보다 얼굴을 보여라	매물 안내도 명함보다는 '직접 얼굴로 기억되게' 한다.

▶ **핵심 포인트**

"당신을 기억시키는 것은 광고가 아니라 '반복된 노출과 관심의 연결'이다."

2. 온라인보다 강력한 '오프라인 브랜드' 전략

실천 항목	효과
상권지도 프린트 배포	"이분은 동네를 구조로 본다" 인식 형성
무료 상가 세무 세미나	오프라인 브랜딩 + 관계 확장 기회
매월 '이달의 공실 지도' 카페, 업장에 비치	사장님들이 공인중개사를 먼저 찾는 구조 형성

▶ **실무 팁**

"○○부동산 중개사무소 사장님은 매달 지도를 가져다줘요. 이번에도 그분에게 연락해봅시다."

3. 지역 커뮤니티의 핵심이 되어라

실전 루트	방법
동네 맘카페 활동	"상가 입점 고민 중인데요…" 글에 전략적 댓글 + 메신저 연결
소상공인 밴드 가입	입점 정보, 창업 전략 제공 → 신뢰 축적
구청 상권활성화 프로그램 참여	공공연계 브랜딩 → 신뢰 프레임 확보

> **실무 팁**
>
> 커뮤니티에서 중개 글을 쓰지 말고, 질문에 답변하고, 정보를 제공하면서 '존재감'을 새긴다.

4. '상가 = 나'가 되기 위한 브랜드 대사 3문장

- "○○상권은 지금 이 업종이 반응 옵니다."
- "저는 여기 동네 100개 매물 이상을 추적 중입니다."
- "입점하실 때는 제가 구조부터 봐드립니다."
- → 고객에게 '단순 중개인'이 아니라 '상권을 설계해주는 지역 전문가'로 자리매김

> **김명식의 실전 정리**
>
> - 동네에서 브랜드가 되려면 거래 전에 얼굴이 기억나야 하고, 계약 전에 정보가 먼저 떠올라야 한다.
> - 공인중개사는 간판보다 이웃의 입소문에 먼저 올라야 한다.
> - 가장 강력한 홍보는 고객이 아니라 이웃이 당신 이름을 먼저 꺼내는 순간이다.

"당신이 상권을 정리하듯, 당신의 존재도 동네에 구조적으로 새겨야 한다. 그렇게 해서 만들어지는 한 문장 – '상가 하면 저 사람'이 바로 브랜드다."

63 건물주와 지속적으로 관계 맺는 방법은?

"그 건물요? 건물주랑 ○○공인중개사 사장님이 계속 관리하는 매물이에요."

이 말을 들었다면, 당신은 그 건물의 중개인이 아니라 '파트너'가 된 것이다.

임대를 도와드린 건물주께 감사 인사 한번 안 드리고 관계가 끊긴 적이 있다. 처음에는 연락도 잘 받고 한두 건 계약도 성사됐다. 하지만 내가 일이 바쁘다고 연락을 끊은 사이, 건물주는 다른 공인중개사에게 매물을 넘겼다.

그 공인중개사는 특별한 기술이 있는 것도 아니었지만, 주기적으로 안부 전화를 하고, 카페에서 몇 번 마주쳤을 뿐이었다. 그때 나는 깨달았다. 건물주는 능력보다 신뢰, 성과보다 '접촉 빈도'에 반응한다는 것을.

건물주와의 관계는 '좋은 첫인상'보다 '오래가는 인식'이 중요하다

1. 관계를 맺기 전, 건물주가 공인중개사를 평가하는 3가지 질문

질문	내포된 기준
"이 공인중개사는 꾸준히 연락할까?"	일회성 거래인지, 장기관리 가능한 사람인지
"건물의 흐름을 이해하나?"	상권과 임차인 구조까지 보는 눈이 있는지
"내가 모르는 것을 이 사람이 알까?"	정보·트렌드·리스크 예측력

▶ **핵심 포인트** ▶

건물주는 거래가 아닌 '자산관리 파트너'를 찾는다.

2. 관계를 '유지'로 끌고 가는 실전 전략 5가지

전략	설명
계절별 컨택 스크립트 활용	"사장님, 봄 이사철이라 공실 대응 전략 드리려고요."
'월 1회 메시지' 규칙화	월초 or 월말 '이달 공실 점검 + 상권 흐름 요약'
매물 홍보 자료 피드백 제공	광고 효과 요약, 방문자 반응 전달 → 프로세스 신뢰 확보
공실 이슈 대비 시나리오 공유	"이번 분기 이 지역 업종 흐름은 ○○입니다."
비매물 시기에도 연락 유지	"현재 공실은 없지만, ○○지역 임차인 수요가 높아졌습니다."

▶ **상담 멘트 예시** ▶

"건물은 거래보다 유지가 더 중요합니다. 사장님 자산이 더 오래가도록 제가 미리 움직이겠습니다."

3. 한번 관계 맺은 건물주를 '소개자'로 전환하는 법

방법	목적
입주 후 만족도 피드백 요청	건물주 입장에서 공인중개사 능력 재확인 기회
임차인 연계서비스 제안	"사장님, 입주자 인테리어팀 연결해드릴까요?"
'추천 보상' 대신 '이름 알리기' 전략	"○○건물 사장님 덕분에 다른 분도 도와드릴 수 있었습니다." → 건물주가 '내가 저 공인중개사를 키웠다'라는 자부심을 갖게 함.

4. 이런 말이 나오면 당신은 이미 '담당 공인중개사'다

- "이번에도 알아봐주세요."
- "계약은 다른 데서 했는데, 설명은 ○○사장님이 더 잘해주시네요."
- "이번 임차인은 오래갔으면 좋겠어요. ○○사장님이 골라주신 분처럼."

핵심은 '기술'이 아니라 '신뢰의 누적'이다.

김명식의 실전 정리

- 건물주는 단골 식당처럼 '익숙하고, 믿을 수 있고, 귀찮게 하지 않는 사람'을 원한다.
- 관계란 '거래' 이후의 태도에서 생기고, 거래 이전의 신뢰에서 시작된다.
- 당신이 매물이 없어도 연락하는 공인중개사라면, 건물주는 매물이 생기면 당연히 당신에게 먼저 연락한다.

"건물주의 마음은 계약보다 먼저, 관계가 먼저다. 상가 공인중개사는 매물로 움직이지만, 건물주는 사람이 기억에 남는다."

64 고객 상담 일지를 쓰는 게 정말 도움이 되나요?

"기록까지 하기는 귀찮은데… 꼭 써야 하나요?"

상담 일지를 안 쓰는 공인중개사는 '계약 기회'가 왔을 때 매번 새로 시작해야 한다.

한 달 전 상담한 고객에게 "죄송하지만, 어떤 매물 보셨었죠?"라고 되물었다. 고객은 당황했고, 나도 머쓱했다.

그 고객은 분명 진지한 표정으로 매물 설명을 듣고 갔던 분이었다. 하지만 메모도 없고, 내 머릿속에도 없었다. 결국 그분은 "다른 공인중개사와 진행 중입니다"라는 말만 남기고 사라졌다.

상담 일지는 단순한 기록이 아니라, 계약 기회를 '축적'하는 무기다

1. 상담 일지를 쓰는 이유, 단 3가지만 기억하라

이유	효과
기억하지 말고 구조화하라	고객 니즈, 일정, 조건을 잊지 않게 저장
관계를 이어가라	상담 후 일정 조율, 맞춤형 후속 제안 가능
계약 전환을 준비하라	"○○ 조건 찾으신다고 하셨죠?" → 고객 신뢰 + 반응 유도

> **핵심 포인트** ▶

"공인중개사는 매물만 기억할 게 아니라, 사람의 조건을 기억해야 한다."

2. 실전에서 쓰는 고객 상담 일지 기본 포맷

항목	기입 예시
고객명	김창수 대표(남/47세)
상담일	2025. 4. 20
업종	1인 피트니스 센터
희망 조건	1층, 전용 15평 내외, 샤워시설 유무 중요
주요 질문	"주차가 2대 가능해야 하는데…."
제안 매물	성동구 A건물 103호, 금호 B상가
후속 일정	4/23 현장 동행 예정
추가 메모	미혼, 프랜차이즈는 관심 없음.

포인트는 '기억용'이 아니라, '다시 말 걸기' 위한 메모다.

3. 상담 일지를 계약으로 연결하는 실전 루틴

단계	내용
① 상담 종료 후 24시간 내 정리	당일 정리 못하면 의미 반감
② 3일 후 후속 메시지 발송	"○○ 조건에 더 가까운 매물이 확인되어 연락드립니다."
③ 한 달 뒤 리마인드 연락	"○○ 업종 아직 준비 중이신가요?" → 상담 기록 기반 커뮤니케이션
④ 분기별 상담 리스트 체크	장기 미접촉 고객은 '매물 뉴스레터' 전송 or DM 발송

4. 상담 일지를 '브랜드 자산'으로 활용하는 방법

- 익명 사례 활용 → 블로그 콘텐츠 소재로 재구성

  (예 : '이런 조건 찾던 창업자, 왜 이 자리로 결정했을까?')

- 고객 분석 데이터 축적 → 상권 트렌드 파악
- '단골 고객 파일' 관리 → 상시 리마케팅 기초 자료

김명식의 실전 정리

- 상담은 '기억의 게임'이 아니라, '기록의 설계'로 승부하는 일이다.
- 계약은 상담한 날에 일어나지 않는다. 하지만 계약은 반드시 '기억된 상담'에서 시작된다.
- 고객은 '말 잘하는 공인중개사'보다 '이 사람은 내 말을 기억해주는구나'라고 생각되는 공인중개사를 선택한다.

"기록하지 않으면 잊힌다. 기록하면 연결된다. 공인중개사는 매물을 찾는 사람이 아니라, '상황을 읽고 대응하는 전략가'여야 한다. 그 시작은 상담일지다."

소개와 재방문을 유도하는 핵심은 무엇인가요?

"사장님, 저번에 ○○한테 들었어요. 여기 소개받았어요."

이 한 마디는 계약보다 더 귀한 신호다. 당신이 '중개인'을 넘어 '신뢰의 사람'이 됐다는 증거다.

소개받은 고객을 계약까지 잘 이끌고도 그 이후로 다시 소개가 끊긴 경험이 있다. 계약은 깔끔하게 진행했고, 권리금 조율도, 인허가 체크도 완벽했다.

그런데 소개도, 재방문도 없었다. 왜일까? 기억에 남지 않았기 때문이다. 단지, "좋은 공인중개사였어요"는 잊히기 쉽다. 하지만 "그분 아니면 안 돼요"는 다시 찾아온다.

소개와 재방문은 우연이 아니라 기획된 관계 설계로 만들어야 한다

1. 고객이 당신을 다시 찾게 되는 3가지 조건

조건	설명
계약 후에도 '남는' 사람인가	계약 끝난 뒤, "잘 계신가요?" 한 마디
기억할 만한 포인트가 있는가	단순 정보 전달이 아닌 '상황 해결 스토리'
주변에게 설명하기 쉬운가	"그분이 ○○ 상권을 진짜 잘 아세요"와 같은 명확한 추천사유

> **핵심 포인트** ▶
>
> 사람은 '좋았다'라는 감정보다, '말하고 싶다'라는 경험에 더 반응한다.

2. 실전에서 바로 쓰는 '소개 유도 포인트' 5가지

실천 항목	설명
계약 종료 후 손편지 or 메시지	"함께 일할 수 있어 감사했습니다. 늘 응원합니다."
포트폴리오 제공	계약 정리 PDF or 요약 자료로 프로 느낌 강조
고객 SNS 태그 유도	"○○사장님 오픈 축하드립니다!" → 자연스러운 노출
재방문 시 혜택 안내	"지인 소개해주시면 다음 계약 시 인허가 체크 무료로 도와드릴게요."
'고객 스토리' 콘텐츠 활용	"성수동 카페 창업기 - 김 사장님의 선택은?"

고객은 '감동'이 아니라 '나를 기억해주는 사람'에게 반응한다.

3. 재방문을 유도하는 3단계 구조

단계	실천 내용
① 계약 이후 1주일 이내	"이사 잘 마무리하셨나요?" 가벼운 확인 메시지
② 한 달 후	"입주 후 만족도 확인 + 후기 요청"
③ 3개월 후	"창업 후 불편한 점 없으신가요?" → 재상담 자연 유도

'사후관리'가 아닌 '관계 유지' 관점으로 접근할 것

4. 소개가 일어나는 구조를 '시스템'으로 만들자

- 고객이 추천할 수 있도록 '소개 카드 or 링크' 제공
- 블로그/인스타그램에 고객 후기 게시판 운영
- 매월 1명 '고객 감사 후기를 선정'해 선물 or 혜택 제공
- "○○사장님께 추천받아 왔습니다"라는 DM 유입 시 자동 메모
  → 감사 메시지 발송

📝 김명식의 실전 정리

- 소개는 친분이 아니라, 기억 설계의 결과다.
- 재방문은 '좋은 계약'이 아니라, '계속 보고 싶은 사람'이어야 이뤄진다.
- 고객은 계약으로만 기억하지 않는다. 감동 + 실력 + 후속 연결까지 함께 줄 때, 다음 고객을 데려온다.

"상가 중개는 한 건 잘하는 것보다, 한 사람이 10명을 데려오게 하는 설계가 중요하다. 계약은 실력이지만, 소개는 전략이다."

경쟁 공인중개사가 많은 곳에서 나만의 무기는 무엇이어야 할까?

"그 골목에만 중개사무소가 7개예요. 어떻게 해야 저를 기억하게 만들 수 있죠?"

이 질문을 던졌다면, 이미 '가격이 아니라 가치'로 승부할 준비가 된 사람이다.

비슷한 매물만 올리는 경쟁 공인중개사들 속에서 "사장님, 혹시 블로그에 ○○ 올리신 분 맞으시죠?"라는 전화를 받았다. 그날은 평소와 다름없는 하루였다.

하지만 고객은 내 블로그에서 '입주 타이밍과 경쟁 업종 비교'를 본 뒤 전화를 줬다. 그날 깨달았다. '매물은 같아도, 고객은 전문가를 선택한다'는 것을.

경쟁이 치열할수록 차별화는 '매물이 아닌 설명 방식'에서 시작된다

1. 나만의 무기는 '선택받는 구조'를 만드는 것

구분	의미
포지셔닝	'나는 이 상권의 ○○ 업종 전문'이라는 선명한 정체성
콘텐츠	똑같은 매물도 스토리로 바꾸면 기억된다.
상담 기술	조건 설명보다 '상권 구조'를 설명하는 방식

상담 멘트 예시 ▶

"매물은 다 비슷해 보여도, 제가 설명하는 것은 '입점의 흐름'입니다."

2. 경쟁 공인중개사 속에서 나를 '한 명'으로 만드는 방법 5가지

전략	실천 예시
업종 특화	"이 골목에 음식점, 특히 분식 업종만 다뤄요."
블로그/유튜브 이름 통일	'○○상권 전문', '○○업종 브리핑' 등 키워드 일치
상담 자료화	손으로 그린 상권 지도, 임대료 분석표 등 차별화된 상담 자료 제시
중개철학 제시	"저는 권리금보다 '지속 가능한 임대'를 먼저 봅니다."
리스크 설명형 콘텐츠	"이 상가, 계약 전에 꼭 체크해야 할 3가지"

3. 나만의 무기는 '고객이 설명할 수 있는 브랜드'여야 한다

일반 공인중개사 표현	브랜딩 공인중개사 표현
"좋은 자리 나왔어요."	"지난달 대비 보증금 조건 완화된 ○○상권 핵심 입지입니다."

일반 공인중개사 표현	브랜딩 공인중개사 표현
"권리금 없어요."	"이 상가는 시설비 회수형으로 운영자금 부담을 낮춰드립니다."
"빨리 결정하세요."	"○○업종 특성상 지금 들어오셔야 경쟁 없이 점유가 가능합니다."

고객이 타인에게 말할 수 있어야, 당신의 브랜드는 전파된다.

4. 경쟁 공인중개사와 비교당할 때 이렇게 대처하라

고객 질문	대답 전략
"다른 공인중개사는 좀 싸게 해준다는데요?"	"그 공인중개사도 훌륭하시겠지만, 저는 입점 이후 리스크까지 책임지는 방식으로 진행합니다."
"그쪽은 상담이 더 빨랐어요."	"속도보다 안전한 의사결정이 더 중요하기 때문에 저는 조율과 인허가 확인을 먼저 봅니다."
"여러 군데 다니면서 볼게요."	"네, 비교하신 후에도 다시 저와 이야기 나누고 싶으실 겁니다. 저는 다르게 설명드릴 테니까요."

김명식의 실전 정리

- 경쟁이 심한 지역일수록 '한 마디, 한 장, 한 문장'이 고객의 선택을 좌우한다.
- 나만의 무기는 광고가 아니라 구조화된 설명력, 정보가 아니라 인사이트다.
- 고객이 "그분은 다르게 설명해요"라고 말하는 순간, 당신은 이미 경쟁을 넘어서 있다.

"많은 공인중개사가 있어도, 기억에 남는 공인중개사는 단 한 명이다. 고객이 '왜 그 공인중개사냐'라고 물으면, 대신 설명해줄 스토리가 있어야 한다. 그게 무기다."

월간 영업계획서와 KPI 작성은 어떻게 하나요?

"중개도 계획 세워서 하나요? 그냥 매물 들어오면 하지 않나요?"

그런 공인중개사는 결국 '매물에 끌려 다니고', 계획 있는 공인중개사는 '성과를 예측'하며 일한다.

한 달 동안 정신없이 일하고도 손에 쥔 게 하나도 없던 달이 있었다. 광고도 했고, 상담도 많았다. 블로그, 현장 방문, 임장도 하루에 3건씩 했다. 그런데 한 달 결산을 해보니 계약은 1건, 수수료 수익은 기대 이하였다.

나는 스스로에게 묻기 시작했다.

'이게 시간 문제인가, 아니면 방향 문제인가?'

그리고 영업계획서를 만들기 시작했다. 그때부터 일의 흐름이 눈에 보였고, 성과가 숫자로 따라오기 시작했다.

중개는 흐름이 아니라, '계획과 지표로 운영하는 비즈니스'다

1. 월간 영업계획서, 무엇부터 써야 할까?

항목	작성 내용
목표 중개 보수	월 목표 금액(예 : 2,500만 원)
목표 계약 건수	임대 4건, 매매 1건
신규 매물 확보 목표	A급 매물 10건 등록 (공실 상가, 소액 권리금, 프랜차이즈 수요 입지 등)
주요 활동 계획	블로그 15건, 유튜브 10편, 현장 임장 15회
연락할 고객 리스트	지난달 미계약자, 재접촉 고객, 건물주 10명 이상

시작은 숫자가 아니라 '방향'이 있는 숫자부터 정하자.

2. KPI는 무엇이고, 어떻게 정해야 할까?

KPI(Key Performance Indicator)는 '성과를 수치로 확인할 수 있는 항목'이다.

KPI 항목	예시 기준
신규 매물 등록 수	월 10건 이상
고객 상담 건수	주 5회 이상 대면 상담
블로그 노출 수	글 발행 후 3일 내 500회 이상

KPI 항목	예시 기준
SNS/유튜브 DM 수	주 5건 이상 고객 반응 확보
계약 전환율	상담 10건 → 계약 2건(20%)

KPI는 '기록'이 아니라 '결정과 리마인드'를 위한 도구다.

3. KPI를 실전 운영에 녹이는 루틴은?

주기	실행 항목
매주 월요일	이번 주 매물 확보 목표 + 고객 연결 계획 설정
매주 금요일	KPI 달성률 확인 → 다음 주 계획 조정
월말 정리	전체 활동 → 수수료 실적 분석, 재접촉 리스트 갱신

핵심은 '성과 분석'이 아니라 '과정 조정'이 가능한 구조 만들기

4. 실전 활용 가능한 A4 한 장 영업계획서 구성 예시

항목	내용
목표 계약 건수	임대 4건, 매매 1건
매물 확보 목표	신규 10건 + 재접촉 5건
고객 접촉 루틴	하루 5건 전화/문자/DM
콘텐츠 계획	블로그 3건/주, 쇼츠 1편/주
KPI 체크 박스	주간 체크리스트 + 메모 공간 포함.

결과만 보는 것이 아니라 '행동을 추적하는 기록'이 KPI다.

김명식의 실전 정리

- 공인중개사도 숫자로 말할 수 있어야 브랜드가 되고, 사업가가 된다.
- KPI는 감이 아니라 성공 루틴을 복제하는 기준이다.
- 계획 없이 일하면 늘 바쁘고, 계획과 KPI로 일하면 늘 의미 있는 하루가 된다.

"중개는 감으로 하는 일이 아니다. 중개는 방향과 수치를 설계하고, 그 안에서 신뢰를 쌓아가는 사업이다. 당신의 목표는 계약이 아니라, 계획된 성장을 만드는 것이다."

나의 중개 인생, 이렇게 바뀌었다

실패도 자산이 되고,
감정도 무기가 된다.
중개는 내 인생의 전환점이었다

상가 중개를 처음 시작했을 때 가장 두려웠던 순간은?

"이 권리금이 맞는 건가요?", "보증금은 왜 이리 높죠?", "여기 업종 제한 없다고 확실히 말씀하실 수 있어요?"

이런 질문 앞에서 얼어붙었다. 그게 내 첫 상가 중개의 기억이다.

상가 중개를 처음 시작했을 때, 매물을 보는 눈도, 가격을 설명할 입도, 권리금이 뭔지 제대로 이해한 머리도 없었다. 책에서 배운 건 많았지만, 현장에서 들려오는 단어는 모두 낯선 외계어 같았다.

- "권리금이 5천인데 시설이 별로야."
- "보증금 2천에 월세 120이면 비싼 거죠?"
- "여긴 영업 안 돼요. 정화조가 작아서…."
- "사장님, 여기는 야채가게 나왔다가 다 망했어요."

모든 말이 내게는 두려움이었다. 무지에서 오는 공포, 그리고 실수할까 봐 오는 압박. 그 두려움은 '계약이 무서운 게 아니라, 내가 부족한 게 무서운' 감정이었다.

그래서 나는 2가지를 정했다.

첫째, 몰라도 부끄럽지 말자. 대신 끝까지 파고들자.
둘째, 현장을 뛰면 머리가 움직이고, 입도 따라온다.

그때부터 매물 한 건 한 건, 직접 임장하면서 업종을 분류했고 임차인 입장에서, '왜 이 자리는 장사가 안됐을까?'를 혼잣말처럼 되뇌었다. 계약서 샘플 수십 개를 정리하고, 권리금 계약서와 임대차 계약서가 만나는 지점을 반복해서 그려봤다.

그리고 어느 날, 한 고객이 이렇게 말했다.

"사장님, 이 자리 분위기 설명하는 게 딱 맞아요. 여기 주변 장사 흐름까지 설명해주셔서 믿음이 갔어요."

그때 처음으로 '두려움'을 넘어 '신뢰'라는 단어를 내 안에서 들었다.

지금 돌이켜 보면 상가 중개 입문자는 누구나 겁이 난다.

거래 금액이 크고, 계약 내용이 복잡하고, 한 줄 잘못 쓰면 공인중개사가 책임지는 구조이기 때문이다. 하지만 두려움은 실력의 시작점이다. 그것을 무시하지 말고, 기록하고, 반복하고, 질문하라.

내가 그랬듯, 그 두려움은 어느 순간 고객의 신뢰를 만드는 자산으로 변해간다.

> **김명식의 실전 정리**
> - 상가 중개 초보 시절에는 질문이 두려운 게 아니라, 답을 못할까 봐 두렵다.
> - 하지만 그 질문 하나하나가 당신을 전문가로 만드는 디딤돌이다.
> - 처음에는 누구나 떤다. 그러나 멈추지 않는 사람만이 "아, 저분은 상가 중개로 믿을 수 있지"라는 말을 듣게 된다.

"두려움이 시작된 그 순간부터 당신은 이미 전문가가 될 자격이 있다. 중개는 용감한 사람의 일이 아니라, 계속 움직이는 사람의 일이다."

상가 중개를 하며 인생이 달라졌다고 느낀 순간은?

"사장님 덕분에 저희 가족이 다시 웃게 됐어요."

그 말을 들은 날, 나는 처음으로 중개가 '삶을 바꾸는 일'이라는 것을 체감했다.

처음 상가 중개를 시작했을 때는 단지 돈을 벌기 위한 '기술'이라고 생각했다. 권리금이 뭔지도, 상권 흐름이 왜 중요한지도 모른 채 '조건 좋은 물건'만 중개하면 된다고 믿었다. 하지만 어느 날, 한 가족을 중개하면서 그 생각이 완전히 바뀌었다.

그날의 이야기는 이렇다.

고객은 자영업에 여러 번 실패했던 40대 가장이었다. 마지막으로 가족과 함께 운영할 수 있는 작은 분식집을 열고 싶다고 했다. 조건은 많지 않았다.

- 보증금 2,000만 원 이하
- 권리금 최소
- 주방 설비 어느 정도 갖춰져 있음
- 그리고 무엇보다 '아이들과 시간을 보낼 수 있을 만큼, 저녁에는 마감 가능한 자리'

솔직히 말해서 그런 매물은 흔치 않았다. 하지만 나는 '그 가족이 행복할 수 있는 자리'라는 생각으로 상권 분석부터 시작했다.

- 주변 초등학교 학원 마감 시간
- 저녁 유동인구의 패턴
- 조용한 골목에 있는 테이크아웃 위주 분식점의 매출 구조까지 비교 분석

그리고 결국, 조금 외곽에 있지만 운영 가능성이 충분한 매물 하나를 찾았다.

계약 후 한 달 뒤, 그 고객이 다시 사무실에 왔다. 그리고 도시락 하나를 내밀며 이렇게 말했다.

"사장님 덕분에 우리 가족이 오랜만에 함께 저녁을 먹고 웃었습니다. 애들이요, '아빠는 이제 집에 자주 있는 사람'이라고 해요."

그날 나는 알았다. '상가 중개는 매물이 아니라, 삶을 중개하는 일'이라는 것을.

그 이후, 나는 일하는 방식이 달라졌다.

- 수익보다 먼저 '이 사람이 왜 이 상가를 하려는가?'를 묻기 시작했고,
- 조건보다 '이 업종이 이 사람에게 맞는지'를 따졌다.
- 매물 설명 전에, 그 사람의 인생 계획을 듣고 상담을 구성했다.

상가 중개는 계약서 한 장으로 끝나는 일이 아니라, 누군가의 가족과 미래, 그리고 '다시 시작할 수 있는 삶'을 다루는 일이었다.

김명식의 실전 정리

- 상가 중개는 공간을 연결하는 일이 아니다. 사람과 꿈을 연결하는 일이다.
- 계약의 개수보다, 고객이 남긴 한 마디가 내 인생을 바꾼다.
- 그날 이후 나는 '공인중개사'가 아니라, '삶의 전환을 돕는 사람'이 되고 싶어졌다.

"누군가의 하루를 바꾸면, 그 가족의 삶이 바뀌고, 그것을 본 당신의 인생도 바뀐다. 중개는 '일'이 아니라 '운명'이 될 수 있다."

지금의 나를 만든 결정적인 선택은 무엇인가요?

"이제부터는 상가만 하겠습니다."

이 한마디를 스스로에게 선언한 날, 나는 공인중개사가 아니라 '상가 전문가'로 사는 길을 택했다.

초기에는 주택도 했다. 오피스텔, 원룸, 아파트 등의 입주 안내도 하고, 잔금 확인도 했으며, 확정일자도 받아줬다. '이 일에 경계가 있나' 싶을 정도로 닥치는 대로 일했다. 하지만 계약이 몇 십 건이 쌓이고, 상가 매물을 하나둘 접하면서 '이쪽이 더 나한테 맞는 일 같다'라는 느낌이 들기 시작했다.

그 느낌의 결정적인 계기가 있었던 날이 있었다. 상가 계약 하나를 중개했는데 권리금 조율, 업종 제한 해석, 건물주 설득, 심지어 창업 인허가 서류 체크까지 전부 내가 해줘야 했다. 그런데 이상하게도, 힘든

데 재미있었다.

 내가 주도하고 있고, 내 판단에 따라 계약이 성사되며, 고객이 "정말 도움 많이 됐어요"라고 말해주는 경험. 그 순간 느꼈다.

 '상가 중개는 단순히 집 보여주는 일이 아니다. 고객의 사업 전략을 설계해주는 일이다. 이게 내가 해야 할 일이다.'

 그날 밤, 나는 내 다이어리에 이렇게 적었다.

- 상가만 하자.
- 그 대신, 누구보다 잘하자.
- 이 길로 브랜드가 되자.

 그 다짐이 지금의 '상가 전문가 김명식'이라는 이름을 만들었다.

 또한 그 선택은 3가지를 바꿔줬다.

1. 고객의 신뢰가 깊어졌다.
  → "이분은 상가만 하세요?"라는 말이 브랜드로 이어졌다.

2. 일의 방향이 명확해졌다.
  → 중개라는 일이 계약 → 콘텐츠 → 강의 → 브랜딩으로 확장됐다.

3. 내가 내 일에 자부심을 갖게 됐다.
→ '나는 상가 전문가다'라고 스스로 인정하는 순간, 모든 말과 행동이 달라졌다.

> **김명식의 실전 정리**
> - 모든 인생은 선택의 반복이다.
> - 그중 단 하나의 '결정적 선택'이 지금의 나를 완성한다.
> - 나는 상가를 택한 것이 아니라, 상가를 통해 나의 길을 만든 것이다.

"브랜드는 스스로를 선택한 사람에게만 생긴다. 공인중개사도 브랜드가 될 수 있다. 당신의 선택이 흔들릴수록, 당신의 정체성은 흐릿해진다. 하지만 한번 제대로 각인된 선택은 당신을 단단하게 만든다."

"계약보다 중요한 것은, 나를 믿게 한 말 한마디였다"

상가 중개는 내 인생을 바꿨다. 이제는, 당신 차례다.

어느 날, 한 고객이 내게 말했다.

"사장님은 말을 참 단단하게 하시네요. 믿음이 갑니다."

나는 그 말을 듣고 가만히 멈췄다. 내가 말을 잘해서가 아니라, 그만큼 많은 실수와 실패 끝에 입 밖에 나오는 한 마디 한 마디가 책임질 수 있는 말이 됐기 때문이다.

처음에는 나도 흔들렸다. 입지도 몰랐고, 권리금도 몰랐으며, 물어보는 질문마다 '이건 어떻게 설명하지?' 하고 머릿속이 하얘지던 시절이 있었다. 그러다 하나씩 겪으며 알게 됐다. 설명을 못하는 공인중개사는 계약을 못한다. 계약을 못하는 공인중개사는 신뢰를 얻지 못한다.

그래서 설명을 공부했다.

권리금의 구조, 상권의 흐름, 업종의 조건, 인허가의 절차… 모든 것은 고객의 "그게 뭔데요?" 한 마디에 답하기 위해 시작한 공부였다. 그 과정이 지금의 나를 만들었다. 그리고 이 책이, 그 과정을 그대로 담아낸 기록이다.

이 책은 70개의 질문과 답변으로 구성되어 있다. 하지만 나는 이 책을 쓰면서 단 한 번도 단답형으로 대답하지 않았다. 왜냐하면 이 책은 단순히 '이럴 때는 이렇게 하세요'가 아니라, '나도 이렇게 넘어왔다'라는 이야기이기 때문이다.

어떤 공인중개사는 이 책을 읽고 이렇게 말할지도 모른다.

"이건 너무 감성적인데?"
"현장 이야기가 좀 많네요."
"교과서 같지는 않네요."

맞다. 나는 교과서를 쓰고 싶지 않았다. 나는 사람을 쓰고 싶었다. 공인중개사로서가 아니라, 인간으로서. 당신처럼, 나도 불안했던 한 사람으로서.

그래서 담았다.

계약 실패로 한 달 수익이 거의 없던 날.
고객에게 실망을 안기고 잠 못 이루던 밤.
상권을 놓치고 '내가 아직 멀었구나' 하며 고개 숙였던 순간. 그리고 그 모든 것을 넘어 '믿을 수 있는 사람'이 되기까지의 기록.

그리고 지금 나는 당신에게 이 책을 넘긴다.

아마도 지금 이 순간, 당신은 이 책을 덮으며 '정말 나도 할 수 있을까?'라고 생각할 수 있다. 그 마음, 잘 안다. 왜냐하면 이 책의 시작이 바로 그 질문이었으니까.

이 책은 월 1천을 넘긴 사람의 자랑이 아니라, 월 0원에서 시작했던 사람의 증언이다. 지금 당신이 있는 자리가 어디든, 주택 중개만 하던 공인중개사든, 이제 막 개업을 앞둔 예비 창업자든, 상가에 발을 들였지만 갈피를 못 잡는 공인중개사든, 나는 당신에게 확실히 말할 수 있다.

"상가 중개는 분명히 인생을 바꿀 수 있다."
"나는 그것을 경험했고, 지금은 그것을 가르치고 있다."

이제는 당신 차례다. 이 책은 끝났지만, 당신의 이야기는 지금부터 시작이다. 그리고 언젠가 당신도 누군가에게 이렇게 말하게 될 것이다.

"저도 아무것도 몰랐어요. 그런데 지금은… 상가로 월 1천 찍고 있어요."

김명식의 마지막 정리

- 중개는 지식으로 시작되지만, 신뢰로 완성된다.
- 상가 중개는 돈을 중개하는 일이 아니라, 인생을 설계하는 일이다.
- 이 책이 당신의 첫걸음이 되기를. 그리고 언젠가 당신의 이야기도 누군가에게 첫걸음이 되기를 바란다.

"계약서보다 먼저 쓰는 것은 나의 태도,
수수료보다 더 무거운 것은 나의 말,
그리고 상가보다 더 오래 남는 것은
고객의 기억 속 '그 공인중개사'라는 이름이다."

상가 중개, 하나도 몰랐던 내가
월 1천 찍는 진짜 방법

제1판 1쇄 2025년 7월 10일

지은이 김명식
펴낸이 한성주
펴낸곳 ㈜두드림미디어
책임편집 신슬기, 배성분
디자인 노경녀 (nkn3383@naver.com)

㈜두드림미디어
등 록 2015년 3월 25일(제2022-000009호)
주 소 서울시 강서구 공항대로 219, 620호, 621호
전 화 02)333-3577
팩 스 02)6455-3477
이메일 dodreamedia@naver.com(원고 투고 및 출판 관련 문의)
카 페 https://cafe.naver.com/dodreamedia

ISBN 979-11-94223-76-4 (03320)

책 내용에 관한 궁금증은 표지 앞날개에 있는 저자의 이메일이나
저자의 각종 SNS 연락처로 문의해주시길 바랍니다.

책값은 뒤표지에 있습니다.
파본은 구입하신 서점에서 교환해드립니다.